Usedom

CLAUDIA PAUTZ

LIEBLINGSPLÄTZE

zum Entdecken

Usedom

CLAUDIA PAUTZ

KULTUR

GMEINER

Sofern hier nicht erwähnt, stammen alle Bilder von Marcel Piper:
Claudia Pautz 12/13; Janina Mathies 18; Geert Maciejewski 26

Besuchen Sie uns im Internet:
www.gmeiner-verlag.de

Im Ehnried 5, 88605 Meßkirch
Telefon 07575/2095-0
info@gmeiner-verlag.de

1. Auflage 2019

Lektorat: Susanne Tachlinski
Satz: Julia Franze
Bildbearbeitung/Umschlaggestaltung: Benjamin Arnold
unter Verwendung eines Fotos von © pure-life-pictures/Fotolia.com
Kartendesign: maps4news.com / ©HERE
Druck: AZ Druck und Datentechnik GmbH, Kempten
Printed in Germany
ISBN 978-3-8392-2409-0

Karte 11

1 Sehen und gesehen werden ///
Seebrücke in Ahlbeck 15
2 Musik ganz nah am Meer ///
Konzertplatz in Ahlbeck 17
3 Über die Wellen jagen /// *Kitesurfspot am Ahlbecker Grenzstrand – Kitesurfschule Kite-Fieber* 19
4 Traditionsverein auf rotem Sand ///
Tennisplätze in Ahlbeck 21
5 Ungeahnte Aussichten ///
Zirowberg in Ahlbeck 23
6 Wo man gern mal seinen Zug verpasst ///
BuchKunst in der Kunsthalle in Ahlbeck 25
7 Usedoms Seele auf Leinwand ///
Galerie Köpp in Ahlbeck 27
8 Sechs Generationen Salzwasser im Blut ///
Uwes Fischerhütte in Ahlbeck 29
9 Tobt euch aus! ///
Sportstrand Kaiserbäder in Ahlbeck 31
10 Herzlichkeit mit Promenadenblick ///
Terrasse des Strandhotel Heringsdorf 33
11 Flanieren über den Ostseewellen ///
Seebrücke Heringsdorf 35
12 Heringsdorfs italienische Seite ///
Restaurant Da Claudio 37
13 Strand-Casino – Kulturhaus – Strandcasino ///
Marc O'Polo Strandcasino 39
14 Wo schon Feininger übers Meer sah ///
Feininger-Blick in Heringsdorf 41
15 Ausblick mit feinstem Geschmack ///
Terrasse des Strandhotel Ostseeblick 43
16 Kunst unter Denkmalschutz ///
Kunstpavillon in Heringsdorf 45
17 Und über allem thront ein Gotteshaus ///
Kirche im Walde in Heringsdorf 47

18 Im Schatten uralter Buchen ///
Kur- und Heilwald in Heringsdorf 49
19 Mit einem Lächeln gegen Wetterfühligkeit ///
Eiscafé Pinguin in Heringsdorf 51
20 Pommerscher Charme in Vollendung ///
Gebrüder Schwarz am Fischerstrand in Heringsdorf 53
21 Wo Gorki frei atmen konnte ///
Villa Irmgard in Heringsdorf 55
22 Ein See und seine Geschichten ///
Schloonsee in Bansin 57
23 Vom Feuerwehrhaus zum lebendigen Denkmal ///
Hans Werner Richter-Haus in Bansin 59
24 Bilder voller Lebensfreude ///
Galerie Gabriela Beck-Schäfer in Bansin 61
25 Bitte entscheiden Sie sich jetzt ///
Café Florian in Bansin 63
26 Pommerscher Morgen ///
Strandkorbverleih Golz 65
27 Dolce Vita am Ostseestrand ///
Restaurant La Terrazza in Bansin 67
28 34 Meter über Null ///
Sieben-Seen-Blick in Neu Sallenthin 69
29 Manche Dinge ändern sich nie ///
Forsthaus Fangel in Neu Sallenthin 71
30 Hoch über den Ostseewellen ///
Langenberg bei Bansin 73
31 Schwingboden und fleischfressende Pflanzen ///
Mümmelkensee bei Bansin 75
32 Spaß mit Oma ///
Promenade in Loddin 77
33 Wo sich Gott und Shakespeare treffen ///
Kirche Koserow 79
34 Perfektes Seeräuberversteck ///
Streckelsberg in Koserow 81
35 Sie kann noch gerettet werden /// *Streckelsberg in Koserow –
Blick auf die versunkene Stadt Vineta* 83

36 Willkommen in der Welt der Erdbeere ///
Karls Erlebnis-Dorf in Koserow 85
37 Genussseufzer auf offener Straße ///
Café Moritz in Koserow 87
38 Wo der Hering einst in Salz badete ///
Koserower Salzhütte 89
39 So gehen Geschichten von Hand zu Hand ///
Bücherbaum in Zempin 91
40 Wenn dieser Baum erzählen könnte ///
Große Eiche am Anglerhafen in Zempin 93
41 Kunst mit viel Gefühl ///
Usedom Refugium – Kunst am Meer in Zinnowitz 95
42 Großstadtfeeling trifft Kaiserzeit ///
Konzeptstore Pier 14 in Zinnowitz 97
43 Die ganze Insel in einem Raum ///
galerie usedomfotos in Zinnowitz 99
44 Großartige Aussichten ///
Vinetabrücke in Zinnowitz 101
45 Usedoms dunkelste und klangvollste Seite ///
Historisch-Technisches Museum im ehemaligen Kraftwerk der Heeresversuchsanstalt Peenemünde 103
46 Aus Alt mach Neu ///
Hafen Karlshagen 105
47 Einfach nur schön ///
Naturhafen Krummin 107
48 Ein Pommernloch, bitte! ///
Gartencafé Naschkatze in Krummin 109
49 Geräucherte Wachtel in der Pferdetränke ///
Gaststätte Zur Pferdetränke in Krummin 111
50 Immer her mit der Extrawurst ///
Fischstübchen in Neeberg 113
51 Faszinierende Stille ///
Südspitze Halbinsel Gnitz 115
52 Ganz viel Leidenschaft ///
Gnitzer Seelchen in Neuendorf 117
53 Mit dem Käpt'n im Atelier ///
Atelier Otto Niemeyer-Holstein in Lüttenort bei Koserow 119

54 Aussichtsreiches Seemannsgarn ///
Restaurant Waterblick in Loddin 121
55 Geselliges Naturparadies ///
Loddiner Höft 123
56 Wo die Bretter bebten ///
Café Knatter in Ückeritz 125
57 Mondscheinfahrten und Möwenschiss-Cup ///
Hafen Stagnieß 127
58 Ganz schöne Brocken ///
Gesteinsgarten in Ückeritz 129
59 Betreutes Klettern im Küstenwald ///
Kletterwald in Ückeritz 131
60 Wo einst Mönche ihre Füße badeten ///
Badestelle Pudagla 133
61 Den Inselsüden überblicken ///
Glaubensberg in Pudagla 135
62 Es steht eine Mühle über dem Dorf ///
Holländermühle in Benz 137
63 Großartige Klänge unter Sternenhimmel ///
Kirche in Benz 139
64 Unter dem Rohrdach lebt Feininger weiter ///
Kunst-Kabinett in Benz 141
65 Usedom in alten und neuen Bildern ///
Galerie Wittig-Weißensee in Neppermin 143
66 Wo Kunst auf Gastlichkeit trifft ///
KunstHaus Usedom in Neppermin 145
67 Romantik pur auf 100 Jahre alten Planken ///
Segelschiff Weisse Düne in Neppermin 147
68 Und plötzlich stehen Kühe im Wasser ///
Inselkanu – Kanufahrten auf dem Achterwasser in Neppermin 149
69 Mit Inselblick auf dem Wasser sitzen ///
Wasserwanderrastplatz in Balm 151
70 Genießerecke im Achterland ///
Golfplatz Balmer See 153
71 Biowaffeln im alten Gerätehaus ///
Gutshof Insel Usedom in Mellenthin 155

72 Schönheiten aus dem Mörderhus ///
Töpferei Astrid Dannegger in Morgenitz 157
73 So geht Fisch heute ///
Alte Fischräucherei in Rankwitz 159
74 Aus der Zeit gefallen ///
St.-Johannes-Kirche in Liepe 161
75 Die stärkste Dame im Lieper Winkel ///
Suckower Eiche 163
76 Bauen wir die Kirche auf den Marktplatz! ///
Marktplatz der Stadt Usedom 165
77 Vom Herrenhaus zum Inselschloss ///
Schloss Stolpe 167
78 Das Achterland schmecken ///
Restaurant Remise in Stolpe 169
79 Ein Jahrhundert Fluggeschichte ///
Flughafen Heringsdorf in Zirchow 171
80 Wo Männerherzen höherschlagen ///
Erlebniswelt Hangar 10 in Zirchow 173
81 Am Ende der Welt liegt ein Fischerdorf ///
Hafen Kamminke 175
82 Südstaatenflair in pommerschen Wiesen ///
Golfplatz Baltic Hills in Korswandt 177
83 Ein See für jede Jahreszeit ///
Wolgastsee in Korswandt 179
84 Eiszeit in Pommern ///
eis-café-Helene in Korswandt 181
85 Die fantastische Welt des Daniel Graf ///
Tonwerk Keramik in Korswandt 183
86 Dass nie mehr eine Mutter ihren Sohn beweint ///
Der Golm bei Garz 185
87 Eine Windmühle am Meer ///
Mühlenbake in Swinemünde 187
88 Im Gleichschritt durch drei Jahrhunderte ///
Fort Gerhard in Swinemünde 189

Greifswalder Bodden
Freest
45
Kröslin
Karlshagen
46
Hollendorf
Voddow
Karrin
Ostsee
Trassenheide
Groß Ernsthof
44
42
43
41
Mölschow
Zempin
Bannemin
Mahlzow
53
40
39
Damerow
38
Wolgast
48
49
37
34
35
47
33
36
50
32
Sauzin
52
Krumminer Wiek
Stubbenfelde
Hohendorf
Loddin
Netzelkow
Ziemitz
54
55
Üeckeritz
Zarnitz
Lütow
56
51
Achterwasser
59
Peenestrom
57
58
Hohensee
Seckeritz
Zemitz
Bauer
Wehrland
Usedom
Warthe
Grüssow
Waschow
Klein Jasedow
60
74
61
Pulow
Quilitz
Buggow
Papendorf
Lassan
Dewichow
70
69
Stoben
Rankwitz
Balm
67
65
63
64
73
68
62
Krenzow
Krienke
72
Lentschow
71
66
Labömi
Zarrentin
Buggenhagen
Jamitzow
75
Wangelkow
Katschow
Murchin
Libnow
Pinnow
DEUTSCHLAND
Kach
Klotzow
Dargen
Prätenow
Gummlin
76
N
Voßberg
78
77
W
O
Gneventhin
Zecherin
Gellenthin
S
Oderhaff
Welzin
Wilhelmsfelde

31 30
26 25 27 24 23
mollensee
Schloonsee 22
Ostsee
Großer Krebssee 29
Bansin
21 20 19
16 14 15 17 13 11 12
Neu Sallenthin
Heringsdorf
Neuhof
Kleiner Krebssee 28
18
Usedom
10
Alt Sallenthin
Gothen
9 8 2 1
Gothensee
Ahlbeck
7 6 4 5 3

Bansin
Heringsdorf
Neuhof
Gothen
Ahlbeck
Gothensee
84 85 83 82
87 88
Ulrichshorst
3
Lubiewo
Swinemünde
3
Wolin
Wicko
POLEN
Zirchow
86
Garz
Kamminke
Wapnica
leverow 80 79
81
Lubin
Karsibór

maps4news.com/©HERE

SEEBRÜCKE AHLBECK /// DÜNENSTRASSE 37 ///
17419 SEEBAD AHLBECK /// 03 83 78 / 2 83 20 ///
WWW.SEEBRUECKE-AHLBECK.DE ///

SEHEN UND GESEHEN WERDEN

Seebrücke in Ahlbeck

1

Sie ist schon eine imposante Erscheinung, wie sie da steht, so elegant in den blauen Ostseewellen. Es gibt niemanden, der ihrer Anziehungskraft widerstehen kann. Und nahezu jeder, der jemals auf Usedom war, hat ein Foto von ihr. Dabei ist die alte Dame schon weit über 100 Jahre alt und hat so manchen Sturm überstanden.

Es war um 1882, als den Ahlbeckern die Idee kam, eine Aussichtsplattform in die Ostsee zu bauen. Schick sollte sie sein. Nicht einfach nur eine Plattform, nein, eine Flaniermeile mit Restaurant einerseits und Veranstaltungsbühne andererseits. Kaum stand das Bauwerk, wurde es auch schon zum Ausflugsziel Nummer eins im aufblühenden Seebad. Wer etwas auf sich hielt, flanierte im feinsten Zwirn über die damals noch hölzernen Planken, nickte hochherrschaftliche Grüße in die Umgebung, lauschte Kurkonzerten und ließ dabei den Blick über die Ostseewellen schweifen. Geldadel und Schauspieler, Intellektuelle und Künstler traf man hier genauso wie die alten Ahlbecker Familien. Und daran hat sich bis heute nichts geändert, außer der Mode vielleicht.

Irgendwann verband man Restaurant und Bühne miteinander und gab der Seebrücke ihr heutiges Aussehen. Jedenfalls fast! Denn während der DDR-Zeit fristete die alte Dame ein eher eintöniges Dasein. Wände braun, Dach braun, Türme braun. Einzig die Hinterlassenschaften der Möwen durchbrachen das düstere Kapitel auf natürliche Weise. Dann kam Loriot. Er beschloss Anfang der 1990er-Jahre, das Ende seiner Komödie *Pappa Ante Portas* hier zu drehen. Prompt bekam die Seebrücke ihren ursprünglichen Anstrich zurück, weiß mit rotem Dach und grünen Türmen. Die ganze Insel atmete auf und präsentierte sie wieder voller Stolz als ihr Wahrzeichen.

Gehen Sie auf ein Bier oder zwei in die Kogge. Hier treffen Sie in uriger Atmosphäre schon mal auf echte Inselurgesteine und können mit etwas Glück den alten Geschichten lauschen.

KONZERTPLATZ AHLBECK /// PROMENADE AN DER SEEBRÜCKE /// 17419 SEEBAD AHLBECK ///

MUSIK GANZ NAH AM MEER

Konzertplatz in Ahlbeck

2

Wenn ich an die Sommer meiner Kindheit in Ahlbeck denke, erinnere ich mich an glänzende Teerblasen auf leeren Straßen, an volle Strände und an Musik, die der Wind über die Düne bis hinunter ans Wasser trug. Shantys, gesungen von kräftigen Männerstimmen, und Arien, voller Leidenschaft in den blauen Ostseehimmel geschmettert. Die waren der Startschuss für uns Halbwüchsige, schnellstmöglich den Konzertplatz zu erreichen und durch die Bankreihen zu rennen, um die Kurgäste zur Weißglut zu bringen. Wie gut, dass sich manche Dinge nicht ändern: Der Bewegungsdrang hat sich gelegt, doch die Lieder klingen noch heute von hier über die Düne und die Promenade entlang.

Wenn man von der Seebrücke über den Brückenvorplatz spaziert und nach rechts schaut, hat man einen freien Blick über den Konzertplatz. Er ist von Bäumen gesäumt und weiße Bänke stehen wie schon vor 100 Jahren für das nächste Konzert bereit. Die Kurmuschel mit ihrer breiten Bühne öffnet sich zum Platz hin, in ihrem Inneren ist das Wappen von Ahlbeck an die halbrunde Decke gemalt. Von Mai bis September finden hier Veranstaltungen statt. Konzerte, Theater, Kleinkunst. Der Eintritt ist für jedermann frei. Er finanziert sich aus der Kurabgabe, die beim Aufenthalt in Ahlbeck zu entrichten ist.

Die Open-Air-Konzerte hier leben von der einzigartigen Atmosphäre aus Musik gepaart mit frischer Ostseeluft und dem Geschrei der Möwen. Wenn man Teil des Programms werden möchte, sollte man einen Platz im ersten Drittel der Bankreihen wählen, in den beiden hinteren Dritteln ist man davor sicher. Und wenn ein kleines Mädchen sich zum dritten Mal durch die Reihen quetscht, begegnet man ihr mit einem Lächeln. Denn sie hat gerade eine Mutprobe bestanden.

Werfen Sie einen Blick auf die Jugendstiluhr auf dem Vorplatz der Seebrücke. Sie wurde 1911 von Maria Grunack, einem Badegast aus Berlin, gespendet.

KITESURFSCHULE KITE-FIEBER /// GRENZSTRAND ///
17419 SEEBAD AHLBECK /// 01 76 / 10 41 92 90 ///
WWW.KITE-FIEBER.DE ///

ÜBER DIE WELLEN JAGEN

Kitesurfspot am Ahlbecker Grenzstrand – Kitesurfschule Kite-Fieber

3

In unserer Vorstellung sind doch alle Surfer langhaarig, blond und braun gebrannt. Sie sitzen entspannt nach einem Ritt auf den Wellen am Strand und strahlen Freiheit und diese bewundernswerte Zufriedenheit aus. Im Hintergrund läuft Lounge-Musik und langsam verschwindet die Sonne irgendwo am Horizont. Liest sich ein bisschen wie Karibikflair, oder? Ist aber Usedom.

Wenn der Wind aus Norden weht, sieht man die bunten Kites schon von Weitem am Himmel über dem Ahlbecker Grenzstrand fliegen. Denn hier ist einer der angesagtesten Kitespots auf Usedom. Man läuft einfach von Ahlbeck aus am Strand entlang in Richtung Swinemünde. Kurz vor der Grenze trifft man mit Sicherheit auf Janina Matthies und Matthias Rühl. Entweder jagen die beiden sympathischen Kitesurfer gerade in Höchstgeschwindigkeit über die Wellen oder sie bringen Neugierigen das Kiten bei. Sie haben nämlich ihre Leidenschaft zum Beruf gemacht und wollen ihr Wissen und Können mit viel Augenmerk auf Sicherheit und bestes Material an alle weitergeben, deren Herz beim Anblick der waghalsigen Sprünge auf dem Wasser höherschlägt. Und das sei wärmstens empfohlen, denn hier treffen viel Gespür für einen besonderen Sport und die Erfahrung aus mehreren Jahren Kitesurfen an den schönsten Spots dieser Erde aufeinander. Die Gruppen sind klein, der Strand sehr breit und feinsandig, der Wassereinstieg seicht mit einem großen Stehrevier. Beste Voraussetzungen für den sicheren Einstieg ins Kitesurfen und das Gefühl von Freiheit und Zufriedenheit nach dem Ritt auf den Wellen. Und wenn ich Ihnen nun noch erzähle, dass Janina und Matthias langhaarig, blond und braun gebrannt sind, ist auch auf Usedom jedes Surfer-Klischee bedient.

Fragen Sie Janina nach den Kite-Fieber-Mützen. Die sind seit Jahren der Trend für kühle Sommerabende und kalte Winter auf Usedom.

TENNISCLUB BLAU-WEISS AHLBECK /// SIEDLUNG OSTENDE ///
17419 SEEBAD AHLBECK /// 03 83 78 / 3 10 11 ///
WWW.TC-AHLBECK.DE ///

TRADITIONSVEREIN AUF ROTEM SAND

Tennisplätze in Ahlbeck

4

Auf Usedom war es für die Seebäder Tradition, zwar einen Tennisplatz zu haben, diesen jedoch an der Peripherie hinter Bäumen, in einigen Fällen sogar in Wäldern zu verstecken. So ist es auch mit den Tennisplätzen in Ahlbeck. Obwohl sie durch die Vergrößerung des Ortes über die letzten Jahrzehnte vom Rand weiter in die Ortsmitte gerutscht sind, wissen viele gar nicht, dass es sie gibt.

Sie liegen direkt an der Swinemünder Chaussee, kurz vor dem Abzweig nach Korswandt aus Richtung Ahlbeck kommend auf der linken Seite. Hinter der großen grauen Halle mit zwei Innenplätzen gibt es sechs Außenplätze und einen Verein mit langer Tradition und bemerkenswerten Erfolgen. Der Tennisclub Blau-Weiss Ahlbeck e. V. wurde 1949 unter dem Namen *BSG Aufbau Ahlbeck* gegründet. BSG stand für »Betriebssportgemeinschaft«. Damals entstanden drei Plätze, als Umzäunung dienten alte Fischernetze. Ein vierter Platz folgte etwas später, genau wie das Tennishäuschen, das aus Überresten alter Wehrmachtsbaracken provisorisch zusammengezimmert wurde. Anfang der 1950er-Jahre kamen drei weitere Plätze dazu. Gespielt wurde auf Sand und Bitumen. Bevor die vier Hauptplätze Flutlichtanlagen bekamen, nutzte man PKW-Scheinwerfer als Beleuchtung. 1952 wurde das *Ostsee-Turnier* eingeführt, das über viele Jahre jeden Sommer eine Woche lang Hunderte Tennisspieler und Fans auf die Insel lockte. Der Verein selbst spielte in der höchsten Spielklasse der DDR, der Oberliga, und stellte mit Bernd Läßer den ersten und Jörg Krohn den letzten DDR-Jugendmeister.

Bis heute lädt der Verein Einheimische und Gäste zum Tennisspielen auf seine Anlage ein. Die Plätze liegen herrlich umrahmt von alten Bäumen. Das alte Tennishäuschen ist einem modernen Klubhaus gewichen.

Nehmen Sie nach dem Spiel noch Platz am Klubhaus, trinken Sie etwas und kommen Sie ins Gespräch mit Vereinsmitgliedern. Es gibt so manche Anekdote vom weißen Sport auf dem roten Sand zu erzählen.

ZIROWBERG /// AM ZIROWBERG /// 17419 SEEBAD AHLBECK ///

UNGEAHNTE AUSSICHTEN

Zirowberg in Ahlbeck

5

Wussten Sie, dass jedes der drei Kaiserbäder seinen eigenen Berg hat? Jedenfalls soweit man von Bergen direkt am Meer überhaupt sprechen kann. Bansin hat den Langenberg als höchsten Punkt seiner Steilküste, Heringsdorf den Kulm und Ahlbeck hat den Zirowberg. Die ersten beiden sind heute den meisten Usedom-Urlaubern ein Begriff. So mancher hat sich schon zu Fuß oder mit dem Fahrrad auf den Langenberg gequält und neben der Aussicht auf den Strand und die Ostsee auch das gute Essen im Forsthaus genossen. Der Kulm ist das Herz Heringsdorfs. Auf ihm thront die Kirche im Walde, drum herum mit den ältesten Bädervillen der Ursprung des hochherrschaftlichen Seebades. Der Zirowberg aber fristet ein größtenteils unbekanntes Dasein. Dabei gab es hier einst sogar ein Ausflugslokal, wie alte Postkarten beweisen.

60 Meter ragt der mit Buchen bewaldete Zirowberg hinter dem Bahnhof in Ahlbeck in die Höhe. Ein Wanderweg führt zum höchsten Punkt hinauf und der hat es in sich. Kurz und steil und für gehbehinderte Menschen und Rollstuhlfahrer keinesfalls zu empfehlen. Wer den Anstieg auf sich nimmt, wird oben mit einem atemberaubenden Blick auf Ahlbeck und die Swinemünder Bucht belohnt. Ein hölzerner Aussichtsturm verbessert die Sicht ungemein. Außerdem laden zwei Rastplätze zum Verweilen ein. Günstig ist es, den Zirowberg am Nachmittag zu besteigen, wenn die Sonne im Süden steht. Dann spenden die alten Buchen Schatten und Ahlbeck und die Ostsee werden zum schönsten Fotomotiv.

Für passionierte Wanderer ist der Zirowberg nur die erste Etappe auf dem Weg zum Wolgastsee in Korswandt und weiter zum Schwarzen Herzen, einem idyllisch mitten im Wald zu Polen gelegenen kleinen See. Im Herbst wird der Zirowberg gern von Pilzsammlern besucht.

Etwa 500 Meter vom Zirowberg entfernt liegt an einem Hang unter riesigen Kiefern der Ahlbecker Waldfriedhof.

BUCHKUNST USEDOM /// BAHNHOF 1 /// 17419 SEEBAD AHLBECK ///
01 72 / 3 03 49 65 /// WWW.BUCHKUNST-USEDOM.DE ///

WO MAN GERN MAL SEINEN ZUG VERPASST

BuchKunst in der Kunsthalle in Ahlbeck

6

Die Sonne scheint vom wolkenlosen Himmel und gibt dem Bahnhof in Ahlbeck mit seinem schön gestalteten Vorplatz einen Hauch von Stillleben. Ich parke mein Auto rechts neben dem lang gestreckten Gebäude. Dort, wo noch immer das alte Toilettenhaus steht, in dem die Putzfrau uns Kindern in den 1980er-Jahren gehörig Respekt einflößte. Damals befand sich die Schulspeisung in einem großen Saal im Bahnhofsgebäude und wir mussten auf dem Weg nach Hause zwangsläufig an der mürrischen alten Dame vorbei. Ich erinnere mich gut, dass ich ihretwegen die Büsche am Bahngleis den Toiletten vorzog.

Es ist kurz nach elf. Ich steige die wenigen Stufen zur Kunsthalle hinauf und atme tief ein. Ich mag den Geruch von Antiquariaten. Zweieinhalb Jahre waren viele der Bücher hier und mit ihnen manchmal auch ich in der alten Spielbank in Heringsdorf zu Hause, bevor sie und wahrscheinlich unzählige Neuentdeckungen hierher umgezogen sind. Die Räume sind hell und hoch und trotzdem so viel kleiner als in meiner Erinnerung. Was ich in der Kunsthalle besonders mag, ist die Mischung aus Literatur in jeglicher Form und Kunst an den Wänden. Horst Herkner ist stolz auf das, was er seinen Besuchern und Kunstfreunden hier bieten kann. Neben antiquarischen Büchern und Neuerscheinungen gibt es sieben Ausstellungen mit den Bildern zeitgenössischer Künstler im Jahr. Die wohl bisher bemerkenswerteste zeigte Anfang 2018 die bissigen Karikaturen von Peter Muzeniek, der bis heute für das Satiremagazin *Eulenspiegel* zeichnet.

Ich hatte damals kein gutes Gefühl bei dem Gedanken, dass die Kunsthalle in den Ahlbecker Bahnhof umzieht. Zu weit weg von den touristischen Zentren, dachte ich. Horst Herkner hat mich und viele andere eines Besseren belehrt und einen wunderbaren Ort für Buchfans und Kunstliebhaber geschaffen.

Auf stillgelegten Gleisen links des Bahnhofsgebäudes stehen alte Eisenbahnwaggons, die einst auf der Insel fuhren.

GALERIE VOLKER KÖPP /// TALSTRASSE 13 /// 17419 SEEBAD AHLBECK ///
WWW.GALERIE-KOEPP.DE ///

USEDOMS SEELE AUF LEINWAND

Galerie Köpp in Ahlbeck

7

Im ältesten Teil von Ahlbeck, dort, wo einst die Fischerfamilien zu Hause waren, steht ein alter Fischerkaten. Etwas windschief und doch liebevoll restauriert. In seinem Inneren findet sich ein Stück Usedomer Geschichte, festgehalten in den Bildern von Volker Köpp. Wie keinem Zweiten gelingt es dem gebürtigen Ahlbecker, die Seele der Insel und ihrer Menschen einzufangen. In Windeseile bin ich zurück in den Straßen meiner Kindheit, schaue auf die grauen Fassaden der Bädervillen zum Ende der DDR-Zeit und sehe die Flundern wieder auf dem alten Zeitungspapier zuckend auf Großmutters Küchentisch liegen. Zärtlich, mit einem Hauch Melancholie, legen sich Erinnerungen in jeden Blick und holen manchmal schon Vergessenes zurück in den Moment.

Straßen, Häuser, Porträts, Akte und Stillleben – das Portfolio Volker Köpps ist groß und dennoch in seinem Stil unverwechselbar. Einfühlsam und mit großer Einsamkeit spielt er mit Farben und Formen. Mal intensiv, dann wieder gedämpft. Immer aber nachdenklich und wehmütig. Die großen Gefühle, die das Meer in uns Menschen weckt, finden sich in seinen Werken wieder. Und sieht man dem Künstler selbst in die Augen oder beim Malen zu, spürt man sofort, mit wie viel Ehrlichkeit jeder Pinselstrich auf die Leinwand gekommen ist.

Volker Köpp lebt und arbeitet noch heute in Ahlbeck. Seine Galerie öffnet er über die Sommermonate an fünf Tagen in der Woche in den frühen Abendstunden. Wer ihn außerhalb dieser Zeiten und in den Wintermonaten besuchen möchte, kann ihn telefonisch erreichen und ein Treffen vereinbaren. Seine Werke sind zudem in Ausstellungen auf der ganzen Insel – so auch im Kunstpavillon an der Promenade in Heringsdorf – und darüber hinaus zu finden.

Machen Sie nach dem Besuch der Galerie einen Spaziergang durch den ältesten Teil Ahlbecks und genießen Sie die engen Straßen und alten Fischerhäuser, die so anders sind als die mondänen Bädervillen.

UWES FISCHERHÜTTE /// STRANDPROMENADE 12 ///
17419 SEEBAD AHLBECK /// 03 83 78/ 2 81 99 ///
WWW.UWES-FISCHERHUETTE.DE ///

SECHS GENERATIONEN SALZWASSER IM BLUT

Uwes Fischerhütte in Ahlbeck

8

Nirgendwo auf Usedom ist der Kontrast zwischen dem leichten Leben der Sommerfrischler um 1900 und der harten Arbeit der Fischer damals so deutlich wie an der Promenade in Ahlbeck. Einerseits beeindrucken die Gründerzeitvillen, die lange ein trauriges Dasein fristeten und denen mit der Wende neues Leben und neuer Glanz eingehaucht wurde, und andererseits stehen teilweise noch schiefe Fischerkaten in den Dünen und erinnern an die Tradition, bei Wind und Wetter zum Fischen hinaus auf die See zu fahren. Hier ist unbestritten eine von Usedoms ursprünglichen Seiten. Denn hier nahm das Badewesen seinen Anfang.

So wenige Boote heute noch an den Stränden liegen, so wenige Fischer gibt es, die noch selbst hinausfahren. Uwe Krüger ist einer von ihnen und er ist mit Haut und Haaren das, was man einen Strandfischer nennt. In der sechsten Generation fischt seine Familie und man möchte beten, dass es nicht die letzte sein wird. Doch der findige Ahlbecker trotzt Fangquoten und Großunternehmen und macht sein Erbe zum Erlebnis. In Uwes Fischerhütte, seinem kleinen Restaurant in den Dünen unweit der Ahlbecker Seebrücke in Richtung Heringsdorf, verkauft er den Fisch, der morgens noch in der Ostsee schwamm. Die kulinarische Tradition gibt es gleich dazu. Denn hier werden pommersche Fischgerichte serviert, wie unsereins sie noch von Großmuttern kennt. Der Räucherofen steht gleich nebenan, der Kutter liegt hinter der Düne und wer früh genug auf den Beinen ist, kann Uwe und seinen Männern am Strand beim Heringepulen zusehen. Und ehe man sich's versieht, hat Uwe einen ins Gespräch verwickelt und man steht mit hochgekrempelten Ärmeln selbst am Kutter und pult sein eigenes Mittagessen aus den Netzen.

Holen Sie sich ein Fischbrötchen in *Uwes Fischhalle* und nehmen Sie Platz im alten Kahn auf der Düne. Schöner kann man Usedom nicht genießen.

SPORTSTRAND KAISERBÄDER /// ZWISCHEN RATHENAUSTRASSE & GRENZSTRASSE /// 17419 SEEBAD AHLBECK /// 03 83 78 / 2 44 41 ///

TOBT EUCH AUS!

Sportstrand Kaiserbäder in Ahlbeck

9

Genau dort, wo Ahlbeck an der Promenade nahtlos in Heringsdorf übergeht, prangt an der Wand eines erst vor wenigen Jahren entstandenen Toilettenhäuschens das Logo des Kaiserbäder-Sportstrandes. Ein Blick über die Düne verrät, dass sich hier nicht nur Fitnessfreaks und Bewegungsfanatiker wohlfühlen, sondern auch alle, die im Urlaub mehr wollen als im Strandkorb liegen und baden gehen. Auf einem großen Areal kann man sich allen nur denkbaren Beachsportarten hingeben: Beachsoccer, Beachvolleyball, Beachtennis, Beachhandball. Und das Ganze, bis einem der Schweiß über den Körper rinnt und man sich augenblicklich in die Ostsee stürzen möchte. Doch langsam, immer schön an den Kreislauf denken!

Dem tun übrigens auch die vielen Fitness- und Sportkurse gut, die das junge Team des Sportstrandes anbietet. Von Strandgymnastik und Rückenfit über Bauch-Beine-Po, Yoga und Qigong bis hin zu Nordic Walking und Barfußwanderungen. Und jetzt glauben Sie nicht, das war es schon. An sieben Tagen in der Woche, natürlich nur bei Strandwetter in den Sommermonaten, stehen außerdem Stand-up-Paddel-Boards, Boccia-Kugeln, ein Balanceboard und eine Slackline zur Verfügung. Es werden Strandolympiaden für Kinder, Joggingtouren in den nahe gelegenen Kur- und Heilwald, Workouts auf der Aktivpromenade und Turniere in den Teamsportarten organisiert. Und wenn Sie dann endgültig außer Atem sind, gönnen Sie sich eine Pause in einem der Strandstühle, trinken Sie etwas Kaltes und genießen Sie das wohlige Gefühl, das sich nach so viel Bewegung ganz langsam in Ihrem Körper breitmacht. Es dauert nicht lange und Sie werden schon wieder darüber nachdenken, mit welchem Angebot Sie morgen Ihren inneren Schweinehund auf Trab bringen.

Die Atmosphäre am Sportstrand ist einzigartig. Kommen Sie auch gern vorbei, wenn Sie nicht aktiv werden wollen. Selbst Zuschauen macht Spaß.

STRANDHOTEL HERINGSDORF /// LIEHRSTRASSE 10 ///
17424 SEEBAD HERINGSDORF /// 03 83 78 / 23 20 ///
WWW.STRANDHOTEL-HERINGSDORF.DE ///

HERZLICHKEIT MIT PROMENADENBLICK

Terrasse des Strandhotel Heringsdorf

10

Das Sonnenlicht fällt zwischen den hohen Kiefern hindurch direkt auf den Tisch. Die Promenade ist breit, viel breiter als anderswo in Heringsdorf. Dort drüben der Radweg, gleich hier der Fußweg, dazwischen ein Stück Wiese und diese Kiefern eben. Das Meer ist nur wenige Meter entfernt. Man sieht es nicht, aber man spürt es. Es riecht nach salziger Luft, nach Nadelbäumen und frischem Kaffee.

Die Terrasse des Strandhotel Heringsdorf gehört zu den schönsten Plätzen an der Promenade zwischen dem Eichenweg und der Seebrücke. Sie ist weit mehr als eine Hotelterrasse für Frühstücksgäste. Sie verbindet die herrschaftliche Atmosphäre der Flaniermeile mit dem Charme und der Herzlichkeit eines österreichischen Wellnesshotels. Strandhotel-Inhaber Werner Molik hat mit viel Gespür für die Bedürfnisse seiner Gäste hier ein Haus geschaffen, das in Erinnerung bleibt. Und das nicht nur, weil ein goldener Hirsch die Terrasse ziert. Als Molik einst nach Heringsdorf kam, wollte er das schönste Haus des Ortes kaufen. Das ist ihm nicht geglückt. Doch auch wenn das Strandhotel heute architektonisch nur noch wenig an das einstige *Strand-Hotel*, das 1886 erbaut wurde, erinnert, ist es ihm gelungen, ein Haus zu erschaffen, in das Gäste und Einheimische immer wieder gern zurückkehren. Vielleicht liegt es an der Wärme und der Gastlichkeit, die bis auf die Terrasse spürbar sind. Vielleicht ist es der gute Kaffee und der selbst gemachte Kuchen. Ganz sicher aber ist es das Gefühl, das Sommerfrischler schon vor über 100 Jahren nach Heringsdorf lockte: dass man ganz nah am Meer, mit Möwenkreischen und Wind auf der Haut, die Annehmlichkeiten eines Kaffeehauses genießt und ganz nebenbei sieht und gesehen wird.

☞ Gönnen Sie sich ein Frühstück hier. Das Buffet ist hervorragend. Neben lokalen Produkten werden Spezialitäten aus der hauseigenen Jagd und Rinderzucht angeboten.

SEEBRÜCKE HERINGSDORF /// STRANDPROMENADE 1 ///
17424 SEEBAD HERINGSDORF ///

FLANIEREN ÜBER DEN OSTSEEWELLEN

Seebrücke Heringsdorf

11

Stolze 508 Meter ragt die Seebrücke Heringsdorf in die Ostsee hinein und ist damit eine der längsten Seebrücken Kontinentaleuropas. Das moderne Bauwerk mit den vielen Spitzen und der Pyramide auf dem Brückenkopf erinnert an die Kaiser-Wilhelm-Brücke, die einst an gleicher Stelle stand und in den 1950er-Jahren dem Feuerteufel zum Opfer fiel. Sie war das Herzstück des mondänen Kaiserbades, Ziel der Flanierenden und Teil eines außergewöhnlichen Ensembles aus Konzertmuschel, Strandcasino, Rosengarten, Familienbad und eben Seebrücke. Heute erinnern nur noch die Überreste der hölzernen Konstruktion, die aus dem Wasser ragen, an diese Zeit.

Und dennoch, was die alte Seebrücke vermochte, kann auch die neue. Sie gab Heringsdorf nach ihrem Bau Mitte der 1990er-Jahre sein Zentrum zurück und bietet eine Vielzahl an Ladengeschäften, Restaurants und vor allem eine bemerkenswert schöne Flaniermeile über den Ostseewellen. Der Blick auf die Swinemünder Bucht ist atemberaubend. Der weiße Sandstrand schlängelt sich bis zur Mole der polnischen Hafenstadt und verschwindet irgendwo unter deren Skyline. Schon Lyonel Feininger war angetan von diesem Ausblick und der besonderen Atmosphäre auf der damals noch alten Seebrücke. Er hielt beides in Skizzen fest, die er während seiner Sommerurlaube auf Usedom anfertigte und die ihm später nach seiner Auswanderung nach Amerika als Vorlage für viele typische Feininger-Werke dienten.

Wer bis zum Brückenkopf hinausläuft, und das sei wärmstens empfohlen, kann in entgegengesetzter Richtung bei klarem Wetter bis zum Langen Berg hinter Bansin sehen. In der Pyramide hier auf dem Brückenkopf befindet sich ein Restaurant. Noch ein paar Meter weiter machen die Adlerschiffe fest und laden zu Ausflugsfahrten nach Swinemünde, Misdroy, entlang der Küste Usedoms und nach Rügen ein.

Stehen Sie auf, wenn Heringsdorf noch schläft, und erleben Sie den Sonnenaufgang von der Seebrücke aus.

RESTAURANT DA CLAUDIO /// FRIEDENSTRASSE 16 ///
17424 SEEBAD HERINGSDORF /// 03 83 78 / 80 18 76 ///
WWW.DA-CLAUDIO-USEDOM.DE ///

HERINGSDORFS ITALIENISCHE SEITE

Restaurant Da Claudio

12

Rindercarpaccio mit frischen Pfifferlingen, hausgemachte Gnocchi mit Steinpilzsauce, Ossobuco alla milanese mit Safranrisotto. Läuft Ihnen schon das Wasser im Mund zusammen? Das sollte es auch. Denn was bei Claudio Mazzucato und seiner Frau Ina in ihrem kleinen Restaurant Da Claudio in der Heringsdorfer Friedenstraße auf den Tisch kommt, ist feinste italienische Kochkunst serviert mit ungezwungener Herzlichkeit. Das wohl kleinste Familienunternehmen der Insel – er kocht, sie serviert – hat einen festen Platz im kulinarischen Eventkalender jedes feinschmeckenden Inselwiederholungstäters. Und das ganz zu Recht. Denn die Leidenschaft für gutes Essen, das italienische Feuer im Blut des Küchenchefs und das feine Gespür seiner Gattin bei der Wahl der begleitenden Weine machen ein Wiederkehren unumgänglich.

Dabei begann alles mit einer missglückten Profifußball-Karriere. Gott sei Dank, möchte man sagen und dem sympathischen Deutsch-Italiener auf die Schulter klopfen. Ist doch die Gabe, kulinarische Köstlichkeiten zu kreieren und Menschen damit zu verwöhnen, nicht weniger beglückend als ein gewonnenes Fußballspiel. Sein Herz schlägt noch immer für Hertha BSC, wo er einst für die 1. Bundesliga trainierte und heute von der Tribüne aus sein Bestes gibt. Und wenn er davon zu erzählen beginnt, leuchten seine Augen.

Claudio Mazzucato hat wie kein anderer die italienische Seite Heringsdorfs geprägt. Die wenigen Tische in seinem Restaurant sind sommers wie winters gut gefüllt. Es empfiehlt sich immer, hier zu reservieren, denn dann steht dem lukullischen Glück nichts mehr im Wege. Und wenn man sich Zeit nimmt und lange genug bleibt, nehmen Claudio und Ina Mazzucato gern mit Platz und der Abend klingt in typisch mediterraner Geselligkeit aus.

Probieren Sie zum Dessert Claudios selbst gemachtes Sorbet mit Prosecco oder pur. Spätestens jetzt wird die Sonne Italiens in Ihnen aufgehen.

MARC O'POLO STRANDCASINO /// KULMSTRASSE 33 ///
17424 SEEBAD HERINGSDORF /// STRANDCASINO-MARC-O-POLO.COM ///

STRAND-CASINO – KULTURHAUS – STRANDCASINO

Marc O'Polo Strandcasino

13

Es gab eine Zeit, da lustwandelte man in Heringsdorf im neuesten Schick von der Kaiser-Wilhelm-Brücke am Strand-Casino vorbei in den Rosengarten, ließ den Blick über das einzigartige Ensemble herrlicher Holzbauten wandern und genoss das Sehen und Gesehenwerden. Der Kaiser gab sich jährlich nach seinen Nordlandfahrten die Ehre und wer etwas auf sich hielt, verbrachte die Sommerfrische in einer der neu erbauten Villen mit ihren großen Gärten. Das aufstrebende Seebad war angesagt bei Aristokraten und Intellektuellen. Dann kamen die Kriege und nach ihnen die Russen. Das Strand-Casino, das einst als offizielles Kurhaus galt und Einheimische und Badegäste gleichermaßen zum Bummeln in eleganten Läden und zu Vergnügungen in seinem 500 Quadratmeter großen Tanzsaal einlud, brannte bis auf die Grundmauern nieder. Die Besatzer erbauten an gleicher Stelle ein Offizierscasino und überließen es 1950 der Gemeinde, die es zum Kulturhaus umfunktionierte und bis zum Ende der DDR-Zeit als solches betrieb. In den 1990er-Jahren übernahmen die Ostsee-Spielbanken die Räumlichkeiten und eröffneten eines der herrschaftlichsten Casinos an der deutschen Ostseeküste hier. So viel zur Geschichte.

Heute befindet sich im Strandcasino der weltweit erste Marc O'Polo Concept Store, der es auf wunderbare Weise vermag, den Glanz der Kaiserzeit und die nordisch leichte Lebensart der Gegenwart miteinander zu verbinden. In weiten Räumen und mit der Marc O'Polo eigenen Individualität lädt das Haus nicht nur zum Shoppen, sondern auch zum Verweilen, Schauen und Genießen ein. Schon das Interieur macht Entdecken zum Erlebnis. Und während man im Untergeschoss den neuesten Modetrends auf der Spur ist, setzt die Gastronomie im Obergeschoss kulinarische Ausrufezeichen. Ein bisschen wie zu Kaisers Zeiten eben.

Nehmen Sie sich die Zeit und essen Sie hier. Küchenchef Tom Wickboldt hat schon Sterne erkocht und begeistert mit klassischen Gerichten mit ganz eigenem Pfiff.

FEININGER-BLICK /// AUF DER DÜNE ZWISCHEN ROSENGARTEN UND KUNSTPAVILLON /// 17424 SEEBAD HERINGSDORF ///

WO SCHON FEININGER ÜBERS MEER SAH

Feininger-Blick in Heringsdorf

14

Am Ende des Rosengartens an der Promenade in Heringsdorf, hinter einer kleinen Anhöhe direkt auf der Düne, stehen zwei Bänke umrahmt von einer niedrigen Feldsteinmauer. Kartoffelrosen verströmen hier an heißen Sommertagen ihren typischen Duft, Strandhafer wiegt sich im Wind und dahinter: nur Meer. Und die Seebrücke von Heringsdorf.

Nirgendwo an der Promenade der Kaiserbäder thront man so erhaben über dem, was die Menschen nach Usedom zieht. Der Blick ist atemberaubend, die Weite lässt stressgeplagte Großstadtseelen den Alltag im Nu vergessen und das stetige Rauschen beruhigt Körper und Geist. Schon vor über 100 Jahren, als das Familienbad hier die Sommerfrischler noch zum Baden einlud, lockte dieser Ort die Menschen an. Hier genoss man den Ausblick auf die Kaiser-Wilhelm-Brücke, bekam in der Dämmerung den ersten Kuss, schwor sich ewige Treue und zeichnete Skizzen, die später als Vorlagen für weltweit bekannte Kunstwerke dienten. Denn kein Geringerer als Lyonel Feininger stand einst an diesem Ort und hielt Strandleben und Seebrücke fest.

Es war 1908, als sich der 36-jährige und frisch geschiedene Maler entschied, seine Sommer nicht mehr in Baabe auf Rügen, sondern auf Usedom zu verbringen. Am 17. Mai schrieb er in sein Notizbuch: »… der Tag, an dem wir zum ersten Mal nach Heringsdorf kamen und uns bei Zanders einmieteten.« Dazu malte er ein angewinkeltes Bein, das gerade im Begriff war, den Fuß auf die Heringsdorfer Promenade zu setzen. Heute gilt diese banale Skizze als Zeitzeugnis für den Aufenthalt Feiningers auf Usedom. Noch bis 1918 kehrte er immer wieder hierher zurück, erkundete die Insel mit dem Fahrrad und hielt ihre Landschaften, Menschen und Besonderheiten in Skizzen fest.

Wenn Sturm einmal die Ostsee peitscht und der Strand überflutet ist, kann man hier die ganze Kraft der Natur spüren. Der Wind macht das Atmen schwer und die Wellen rollen unaufhaltsam auf einen zu.

STRANDHOTEL OSTSEEBLICK /// KULMSTRASSE 28 ///
17424 SEEBAD HERINGSDORF /// 03 83 78 / 5 40 ///
WWW.STRANDHOTEL-OSTSEEBLICK.DE ///

AUSBLICK MIT FEINSTEM GESCHMACK

Terrasse des Strandhotel Ostseeblick

15

Gegenüber dem Feininger-Blick, dort, wo sich an der Promenade von Heringsdorf der Kulm erhebt, fällt einem unweigerlich das Strandhotel Ostseeblick ins Auge. Mit seinen übereinanderliegenden Rondellen bildet das familiengeführte Haus eine architektonische Ausnahme inmitten der Gründerzeitvillen. Von der Promenade aus führt eine lange Treppe bis hinauf zur Terrasse und auch wenn Treppen vor Restaurants ungern gestiegen werden, hier lohnt es sich allemal. Denn was der Name des Hauses verspricht, erweist sich oben als Belohnung für die Mühe. Der Ostseeblick ist beeindruckend schön, die Promenade und der Rosengarten zeigen von hier aus ihre landschaftsbaulichen Raffinessen und die Seebrücke bildet einen wunderbaren Kontrast zwischen den Überresten der Kaiser-Wilhelm-Brücke und den geschwungenen Hügeln und Wäldern der Insel Wollin. Allein der graue Anbau des Hotel Maritim könnte diesem Anblick erspart bleiben. Mit etwas Geschick blendet man ihn einfach aus.

Nehmen Sie sich Zeit, hier zu verweilen. Auf der Terrasse selbst oder der danebenliegenden Wiese ist Platz, den Ausblick in vollen Zügen zu genießen. Die Mitarbeiter des Hauses servieren Ihnen dazu gern Kaffeespezialitäten, Kuchen oder ein Gericht aus der Küche von Arjan Mensies. Der sympathische Holländer kocht seit 2007 im hauseigenen Gourmetrestaurant Bernstein, das sich in einem der Rondelle befindet. Seine Küche ist experimentell und gleichermaßen überzeugend. Hier wird Essen zum Erlebnis. Der Service ist herzlich und weiß mit interessanten Geschichten zu dem, was auf dem Teller ist, die herrliche Mischung aus Geschmack und Ostseeblick zu komplettieren. Und wenn Sie später die Treppe wieder hinabgehen, wissen Sie sicher, dass es nicht das letzte Mal ist.

Machen Sie einen kleinen Spaziergang durch die Lobby des Hauses. Familie Wehrmann hat hier ein Hotel geschaffen, das mit maritimer Leichtigkeit und Licht für viele zum Zuhause am Meer geworden ist.

KUNSTPAVILLON HERINGSDORF DES USEDOMER KUNSTVEREIN E. V. ///
AN DER PROMENADE AM ROSENGARTEN ///
17424 SEEBAD HERINGSDORF /// 03 83 78 / 2 28 77 ///
WWW.USEDOMER-KUNSTVEREIN.DE ///

KUNST UNTER DENKMALSCHUTZ

Kunstpavillon in Heringsdorf

16

Was sich Ulrich Müther dabei dachte, als er in den 1960er-Jahren den Entwurf eines kreisrunden Ausstellungspavillons anfertigte und diesen dem DDR-Außenhandelsministerium als Exportschlager präsentierte, werden wir nicht mehr erfahren. Denn der Rügener Bauingenieur, der auch den *Teepott* in Warnemünde, das Zeiss-Großplanetarium in Berlin und die König-Abdullah-Moschee in Jordanien baute, starb 2007 im Alter von 73 Jahren. Eins ist jedoch sicher, ein Exportschlager wurde sein Pavillon nicht, denn das einzige Exemplar steht bis heute an der Promenade in Heringsdorf unweit des Rosengartens. Es wurde 1970 gebaut, hat einen Umfang von 52 Metern und ist an der höchsten Stelle 4,60 Meter hoch. So viel zu den Fakten. Denn neben dem architektonischen Hingucker ist der Bau, der seit seiner Eröffnung 1970 als Kunstpavillon dient, ein einzigartiger Ausstellungsraum für Künstler aus ganz Deutschland. Seine Lage an der Promenade zwischen Flaniermeile und Radweg, sein lichtdurchfluteter Innenraum und die großen Fensterflächen machen ihn zum Refugium inmitten des lebendigen Kaiserbades. Hier ist Kunst schon von außen für jedermann sichtbar. Wer jedoch hineingeht, taucht erst einmal ein in die Welt der Usedomer Künstler. Bücher, Kunstpostkarten und Plakate zeugen im Eingangsbereich von der Vielfalt der Kunstszene hier. Namen, die weit über die Grenzen der Insel hinaus bekannt sind. Otto Niemeyer-Holstein (†), Herbert Wegehaupt (†), Otto Manigk (†), Susanne Kandt-Horn (†), Matthias Wegehaupt, Oskar Manigk, Sabine Curio, Volker Köpp und viele andere – die Liste ist bemerkenswert lang. Genau sie waren und sind es, die bis heute gemeinsam mit Kunstliebhabern im Usedomer Kunstverein e. V. den Pavillon als Bühne zeitgenössischer Kunst nutzen und es hoffentlich auch noch lange tun werden.

In unregelmäßigen Abständen werden im Kunstpavillon Konzerte veranstaltet. Der Genuss guter Musik potenziert sich beim Blick durch die großen Fenster auf die Promenade.

KIRCHE IM WALDE /// RUDOLF-BREITSCHEIDT-STRASSE 7 ///
17424 SEEBAD HERINGSDORF /// WWW.KIRCHE-AUF-USEDOM.DE ///

UND ÜBER ALLEM THRONT EIN GOTTESHAUS

Kirche im Walde in Heringsdorf

17

Als Oberforstmeister Georg Bernhard von Bülow 1819 auf einer Erhebung nahe der Ostsee ein Logierhaus errichtete, ahnte er nicht, dass er damit den Grundstein für das spätere Seebad Heringsdorf legte. Was er allerdings wenige Jahre darauf schon bemerkte, war das fehlende Gotteshaus für sich und seine Gäste. Denn zum sonntäglichen Gottesdienst reiste man beschwerlich und in aller Frühe bis nach Swinemünde oder Benz. Kurzerhand überließ der findige Gutsbesitzer der Kirchengemeinde Benz ein Stück bewaldetes Land unweit seiner Logierhäuser auf dem Kulm in Heringsdorf und ebnete so der Entstehung einer evangelischen Kirche den Weg. Mithilfe von Sammlungen und Spenden wurde der Bau finanziert. Kein Geringerer als Schinkel-Schüler Ludwig Persius plante die Kirche im Walde, erlebte ihre Fertigstellung 1849 jedoch nicht mehr. Viele Jahre diente sie Gästen und Einwohnern, bis sie während der Blütezeit des Seebades um 1900 in den Sommermonaten aus allen Nähten platzte. 1914 erweiterte man sie um die Längsseiten und die Sakristei und errichtete in ihrem Inneren eine hölzerne Empore. Genau so präsentiert sie sich bis heute Christen und Kircheninteressierten. Während ihrer letzten Sanierung 2005 erhielt der Turm zur Stabilisierung einen Stahlbetonrahmen und die Schieferschindeln auf dem Dach wurden durch Kupfer ersetzt. Dabei entdeckte man zwei Bleizylinder mit Dokumenten und einem Ortsplan von Heringsdorf aus dem Jahre 1905. 100 Jahre verweilten sie hoch oben über den Dächern des Seebades und zeichnen ein beeindruckendes Bild vom Badebetrieb während der Kaiserzeit. Die Kirchengemeinde ließ Dokumente und Karte digitalisieren und veröffentlichte das Heftchen *Heringsdorf 1905*, von dem es heute leider nur noch wenige Exemplare gibt.

Schlafen Sie aus, denn der Gottesdienst findet in der Kirche im Walde in Heringsdorf zu gästefreundlichen Zeiten statt. Um 11 Uhr läuten die Glocken.

KUR- UND HEILWALD /// BANSINER LANDWEG 1 ///
17424 SEEBAD HERINGSDORF /// WWW.KUR-UND-HEILWALD.DE ///

IM SCHATTEN URALTER BUCHEN

Kur- und Heilwald in Heringsdorf

18

Abseits des lebendigen Seebades Heringsdorf, direkt hinter dem Bahnhof, liegt ein großes Waldstück, das sich bis nach Gothen und in die Ahlbecker Wiesen erstreckt. An seinem höchsten Punkt, dem Präsidentenberg, stand einst eine Gaststätte. Um 1900 legte man rund um das beliebte Ausflugsziel ein ausgedehntes Wanderwegenetz an, baute Tennisplätze, eine Pferderennbahn mit herrschaftlicher Reitanlage und ermöglichte es den Gästen so, abseits des Trubels der Promenaden und Strände die wohltuende Mischung aus Meer- und Waldluft zu genießen. 1907 weihte man nach zweijähriger Bauzeit die Bismarckwarte in direkter Nähe zur Gaststätte ein und ermöglichte auf der oberen Plattform mit 87 Metern über dem Meeresspiegel einen atemberaubenden Blick über die ganze Insel und bei guter Sicht sogar bis nach Rügen.

Wer sich heute auf die Spuren dessen begibt, was einst im Küstenwald hinter Heringsdorf auf die Gäste wartete, wird enttäuscht sein. Gaststätte und Bismarckwarte wurden 1946 gesprengt und abgerissen, die Tennisplätze überließ man Ende der DDR-Zeit der Natur und an die Pferderennbahn erinnern nur noch Geschichten. Einzig das Wegenetz blieb über die Jahre erhalten und bildet heute die Basis für den *1. Kur- und Heilwald Europas*. Die Wege sind befestigt und in verschiedene Schwierigkeitsstufen unterteilt, denn die Topografie des Waldes weist alles andere als nur flaches Land auf. Therapeutische Bewegungsstationen, ja, ganze Therapiekonzepte wurden entwickelt, um den Menschen die wohltuende Wirkung des Küstenwaldes auf Körper und Geist nahezubringen und chronischen Krankheiten und Erschöpfung Linderung zu verschaffen. Was geblieben ist, ist der Wind, der in den Kronen der Buchen rauscht. Und die sind so alt, dass sie ihren Wald noch aus Kaisers Zeiten kennen.

☞ Nutzen Sie die Wald-App. Sie zeigt Ihnen alles Wissenswerte und führt Sie nicht nur zu den therapeutischen Stationen, sondern auch zu den Überresten alter Zeiten.

**EISCAFÉ PINGUIN /// STRANDSTRASSE 9 ///
17424 SEEBAD HERINGSDORF /// 03 83 78 / 2 25 13 ///
WWW.EISCAFEPINGUIN.DE ///**

MIT EINEM LÄCHELN GEGEN WETTERFÜHLIGKEIT

Eiscafé Pinguin in Heringsdorf

19

Mittagszeit. Die Sonne brennt gnadenlos vom Himmel. Es ist still in den Straßen der Kaiserbäder. Nur vom Strand weht ein Gemisch aus unzähligen Stimmen und fröhlichem Kinderlachen über die Düne. Ich mag diese Tage, an denen flimmernde Hausfassaden meine Kindheitserinnerungen wecken. Ich brauche Eis. Der Hund braucht Auslauf. Ich beschließe, die Promenade entlangzugehen. Von Bansin in Richtung Heringsdorf. Vielleicht bis zum Fischerstrand und dort einen Blick übers Meer werfen. Nein, ganz sicher bis zum Fischerstrand. Bis zu Sophia. Ein Platz auf der Terrasse wird frei sein.

Die Aussicht auf Sophias fantastischen Germknödel mit Vanillesoße beschleunigt meine Schritte. Ihre Familie betreibt das Eiscafé Pinguin in der Strandstraße in Heringsdorf, solange ich denken kann. Die Zahl der Eissorten ist übersichtlich, aber dafür besonders. Eisbecher werden mit viel Liebe in dem kleinen Gastraum und auf der Terrasse serviert. Natürlich auch alles to go. Aber wer will das schon! Es macht einfach Spaß, hier zu sitzen, den Spaziergängern und Radfahrern auf der Promenade nachzusehen und den Blick immer wieder übers Meer wandern zu lassen.

Ich wähle einen Platz unter einem Sonnenschirm, mein vierbeiniger Begleiter den unter meinem Stuhl. Mit ihrem wunderbaren Lächeln kommt Sophia um die Ecke. »Germknödel? Und Wasser für den Schurken?«, fragt sie. »Unbedingt!«, antworte ich. Wenig später serviert sie beides und setzt sich zu mir. Während ich genüsslich die Vanillesoße vom Löffel schlürfe, erzählt sie mir die neuesten Anekdoten. Es macht Freude, ihr zuzuhören, und am Ende weiß ich: Das Phänomen der Wetterfühligkeit ist bei Usedom-Urlaubern besonders ausgeprägt. Und Sophia nimmt es mit einem Lächeln.

☞ Werfen Sie hier auch einen Blick auf die Fischerhütten von Heringsdorf.

FISCHRÄUCHEREI GEBRÜDER SCHWARZ /// FISCHERWEG ///
17424 SEEBAD HERINGSDORF /// 03 83 78 / 2 22 14 ///

POMMERSCHER CHARME IN VOLLENDUNG

Gebrüder Schwarz am Fischerstrand in Heringsdorf

20

Dienstag, 11 Uhr. Ich bin mit den Brüdern Schwarz am Fischerstrand in Heringsdorf verabredet. Na ja, zumindest mit einem von ihnen. Denn einer wusste, dass ich komme. Das bemerke ich spätestens nach dem Öffnen der Tür zu ihrer Fischbrötchenbude. Fragezeichen und ein wunderbar pommersches »Joar, wenn er dat einjefädelt hat, denn soll er dat man och machen. Ich weiß von nüscht«. Das geht ja gut los, denke ich, als zwei Autos vorfahren. Nuns sind sie also komplett, die Brüder Schwarz.

Irgendwo zwischen dem Duft von frisch geräuchertem Fisch und der unnachahmlichen Art, ihren Gästen zu begegnen, liegt der Alltag dreier Brüder, die die Tradition der Strandfischerei auf ihre Art am Leben erhalten. Sie kommen aus einer Fischerfamilie, die damals, 1945, aus dem Dorf Nest bei Kolberg fliehen musste und dann in Stubbenfelde auf Usedom ein neues Zuhause fand. »Die Großmutter mit den Kindern. Der Großvater war in Gefangenschaft.« Und während einer die Geschichte erzählt, hat ein anderer schon die Karte zur Hand und zeigt mit dem Finger auf den Ort im heutigen Polen. »'68 ist die Familie nach Heringsdorf gezogen. Wir waren Strandfischer. Haben uns zwei Boote bauen lassen.« Das Fischen mussten sie aufgeben. Das eine Boot wurde verkauft, das andere hat seinen Alterssitz unter einer Plane gleich neben der Hütte. Es lohnt sich nicht mehr, sagen sie. Heute kaufen sie ihren Fisch ein und räuchern ihn selbst. Jeden Tag über Buchen- und Erlenrauch.

Was so besonders an ihren Fischbrötchen ist, will ich wissen. »Wir backen unsere Brötchen immer wieder frisch. Da kommt der Fisch rein. Ohne Salat und Remoulade und so was. Es geht um den Fisch, den soll man schmecken. Zwiebeln sind in Ordnung.« Eine Minute später beiße ich in ein Matjesbrötchen und weiß genau, wovon die drei reden.

Probieren Sie den kalt geräucherten Lachs und bestellen Sie ein Malzbier dazu. Oben in den Dünen gibt es den passenden Platz zum Schlemmen, Meerblick inklusive.

MUSEUM VILLA IRMGARD /// MAXIM-GORKI-STRASSE 13 ///
17424 SEEBAD HERINGSDORF /// 03 83 78 / 2 23 61 ///

WO GORKI FREI ATMEN KONNTE

Villa Irmgard in Heringsdorf

21

Als Maxim Gorki 1922 nach Heringsdorf kam, ging es ihm nicht gut. Er war an Tuberkulose erkrankt und suchte Genesung im guten Ostseeklima. Die Villa, in der er damals gemeinsam mit Sohn und Schwiegertochter die Sommermonate verbrachte, liegt nur wenige Schritte vom Strand entfernt. Die heutige Maxim-Gorki-Straße schlängelt sich parallel zur Promenade von Heringsdorf nach Bansin. Nach ein paar Hundert Metern auf einer kleinen Anhöhe auf der linken Straßenseite steht die neoklassizistische Villa Irmgard, in deren Vorgarten eine überlebensgroße Statue des einstigen Sommergastes die Besucher des Hauses empfängt.

Das Knarren der Dielen verrät, dass hier noch vieles im ursprünglichen Zustand ist. Das Wohn- und Arbeitszimmer Gorkis im Erdgeschoss ist fast unverändert erhalten. Sein Schreibtisch mit dem Federhalter, das Kanapee, der Tisch mit den Stühlen – man glaubt, der Schriftsteller käme jeden Augenblick persönlich ins Zimmer, um sich weiter seiner Arbeit zu widmen. Hier schrieb er am dritten Teil seiner Autobiografie *Meine Universitäten*, pflegte regen Briefwechsel mit Schriftstellerkollegen wie Romain Rolland und Anatole France und bekam Besuch von Leo Tolstoi, der aus dem nahe gelegenen Misdroy anreiste, und Opernsänger Fjordor Schaljapin, mit dem ihn eine enge Freundschaft verband. Im Gästebuch des Hauses hinterließ er später den Satz »Und dennoch und trotz alledem werden die Menschen eines Tages wie Brüder leben« und verwies damit auf den starken sozialen Kontrast zwischen den teils kranken und im Elend lebenden Einwohnern Heringsdorfs und den Gästen des Luxusbades.

Neben den Erinnerungen an den Aufenthalt Maxim Gorkis zeigt die Villa Irmgard in der zweiten Etage wechselnde Ausstellungen zu Inselthemen und veranstaltet Kammerkonzerte und kleine Theateraufführungen.

Erleben Sie ein Konzert bei Kerzenschein in der Villa Irmgard. Die hohen Räume und die Wohnzimmeratmosphäre machen es zu einem besonderen Erlebnis.

SCHLOONSEE /// AN DER WALDSTRASSE ///
17429 SEEBAD BANSIN ///

EIN SEE UND SEINE GESCHICHTEN

Schloonsee in Bansin

22

Es heißt, Bansin hat einen ganz eigenen Charme. Das kleinste und auch jüngste der drei Kaiserbäder besticht wie seine großen Geschwister durch eine Vielzahl an Gründerzeitvillen. Nicht nur entlang der Promenade, sondern auch im Ortsinneren entdeckt jeder Blick ein neues Schmuckstück. Darüber hinaus hat das Seebad jedoch etwas, das Ahlbeck und Heringsdorf nicht zu bieten haben: einen See mitten im Ort.

Der idyllische Schloonsee ist wie alle Seen der Insel während der letzten Eiszeit entstanden. Er liegt zwischen Bundesstraße und Waldstraße, ist etwa 14 Hektar groß und um die drei Meter tief. Auf seiner befestigten Promenade am Nordufer lässt es sich gut spazieren und zwischen den Weiden auf einer der Bänke verweilen. Ein kurzer Steg führt hinaus auf den See, ein zweiter schlängelt sich am Westufer zwischen Bäumen und Schilf hindurch, genau dort, wo Schwäne und Enten brüten. Ihnen wurde sogar ein eigenes Ausflugsziel gebaut – Duck Island ist eine kleine Floßinsel, die unweit der Uferpromenade ankert. Der Schloonsee ist herrlich lebendig. Kein Wunder also, dass sich hier auch so mancher Fisch wohlfühlt und des Anglers Augen leuchten lässt. Doch man beachte die Schilder im Uferbereich und den Kauf einer Angelgenehmigung.

Der Schloonsee ist nicht nur Tierparadies, sondern hat auch literarisch schon einige Fußspuren hinterlassen. So fand er in Theodor Fontanes Roman *Effi Briest* Erwähnung. Der berühmte Schriftsteller verbrachte die zweite Hälfte seiner Kindheit in Swinemünde und war währenddessen oft in den Kaiserbädern unterwegs. Und auch Gruppe-47-Begründer Hans Werner Richter, der in Bansin aufwuchs, ließ den See in seinem Erstlingswerk *Spuren im Sand* zum Treffpunkt einer jungen Liebe werden.

Gehen Sie zum Kaffee ins *Schloonidyll* am Ende der Uferpromenade. Von hier aus haben Sie einen schönen Blick auf den See und genießen zudem die erstklassigen Torten und Kuchen der Familie Wille.

HANS WERNER RICHTER-HAUS /// WALDSTRASSE 1 ///
17429 SEEBAD BANSIN /// 03 83 78 / 4 78 01 ///
WWW.KAISERBAEDER-AUF-USEDOM.DE ///

VOM FEUERWEHRHAUS ZUM LEBENDIGEN DENKMAL

Hans Werner Richter-Haus in Bansin 23

Hans Werner Richter ist ohne Zweifel Bansins berühmtester Sohn. Seine Verdienste um die literarische Aufarbeitung des Zweiten Weltkrieges in der Gruppe 47 und die Freundschaften zu den großen Literaten dieser Zeit machen ihn zu einer wichtigen Person im Deutschland der 1950er- und 1960er-Jahre. Was die Bansiner jedoch an ihm liebten und bis heute lieben, sind seine heimatverbundenen autobiografischen Werke. *Spuren im Sand, Deutschland deine Pommern, Bansiner Geschichten* – um nur einige zu nennen. In jedem Satz ist die Usedomer Seele spürbar und man wird hineingezogen in die Vergangenheit des kleinen Ortes, dessen Charme die Menschen bis heute anzieht.

Nach dem Tod Hans Werner Richters 1993 vermachte dessen Witwe Toni Richter der Gemeinde einen wichtigen Teil seines Nachlasses, darunter das Arbeitszimmer und die Bibliothek. Grund genug für die Bansiner, das alte Feuerwehrhaus hinter dem ehemaligen Warmbad in der Waldstraße 1 zum Hans Werner Richter-Haus umzubauen und dem berühmten Sohn ein lebendiges Denkmal zu setzen. Das Literaturhaus ist Ausstellung, Bibliothek und Veranstaltungsort in einem. Alles dreht sich um das Wort. Neben dem Arbeitszimmer Richters, in dem sich Schreibtisch, Bücherregale, Fotos und Kunstwerke aus seinem Besitz befinden, gibt es das Günter-Grass-Zimmer, das für Lesungen, Filmvorführungen und Versammlungen genutzt wird. An den Wänden hier hängen eine Reihe originaler Grafiken und Zeichnungen des Nobelpreisträgers, die die enge Freundschaft zwischen Richter und Grass bezeugen.

Auch Carola Stern, DDR-Schriftstellerin und gebürtige Ahlbeckerin, wird im Hans Werner Richter-Haus bedacht. Ihre Geschichte wird hier in ihren Werken, Briefen und Filmen in Erinnerung behalten.

Nehmen Sie sich Zeit für das Hans Werner Richter-Haus. Es hat eine besondere Atmosphäre. Wenn draußen der Wind kräftiger weht, knacken über Ihnen die Balken.

GALERIE GABRIELA BECK-SCHÄFER /// BERGSTRASSE 6 ///
17429 SEEBAD BANSIN /// 03 83 78 / 80 89 40 ///
WWW.BECKUNDSCHAEFER.DE ///

BILDER VOLLER LEBENSFREUDE

Galerie Gabriela Beck-Schäfer in Bansin

24

In einer alten Bäderstilvilla in der Bergstraße in Bansin, genau gegenüber des Kaiserstrand Beachhotels, befindet sich im Erdgeschoss die Galerie von Gabriela Beck-Schäfer. Hier lebt und arbeitet die Künstlerin und überrascht mit ihren großformatigen Werken. Wer seinen Fuß in die kühlen Räumlichkeiten setzt, verlässt die maritim-gediegene Welt der Usedomer Kaiserbäder und findet sich inmitten surrealistischer Farbenpracht und bewegter Motive wieder.

Die Bilder von Gabriela Beck-Schäfer erzählen Geschichten, Erlebtes vermischt sich mit Fantasie, der Mensch und das Tier prägen ihre Kunst. Ausdrucksstark, positiv und nicht ohne Ironie regt Gezeichnetes zum Nachdenken an. Man versinkt zusehends in ihren Bildwelten und fragt sich: Woher kommt all das? Nun ja, die Künstlerin hat Extreme gesehen und mit ihnen gelebt. Sie kennt die Auswirkungen der Überflussgesellschaft der Vereinigten Staaten genauso wie das Leben mit dem Notwendigsten in Äthiopien. In ihren Bildern nimmt sie uns mit an die Flüsse, die in Afrika Leben bedeuten. Sie zeigt die Lebendigkeit und Schönheit dessen, was uns alle verbindet und was diese Welt abseits von Konsum und Geld für uns bereithält. Das Eintauchen in ihre Bilder ist ein bisschen wie Aufwachen.

Seit 2013 malt Gabriela Beck-Schäfer in Bansin und ist aus der Riege der Usedomer Künstler nicht mehr wegzudenken. Ihre Malerei jedoch ist einzigartig auf der Insel und zeigt einmal mehr die Vielfältigkeit, die einen erwartet, wenn man die Welt der Kunst hier entdecken will. Ihre Bilder hängen nicht nur in ihren Räumen in der originalgetreu restaurierten Villa in der Bansiner Bergstraße, sondern auch in Ausstellungen des Usedomer Kunstvereins, in Hotels und Galerien weit über die Grenzen Usedoms hinweg.

Vereinbaren Sie einen Termin mit der Künstlerin und lassen Sie sich von ihr durch die Ausstellung führen. Sie werden begeistert sein von den Erlebnissen, die sie mit ihren Bildern verbindet.

CAFÉ FLORIAN /// BERGSTRASSE 8 ///
17429 SEEBAD BANSIN /// 03 83 78 / 49 92 73 ///

BITTE ENTSCHEIDEN SIE SICH JETZT

Café Florian in Bansin

25

Mango, Nutella, Amarenakirsch, Quarkholunder? Oder vielleicht doch klassisch: eine Kugel Vanille und Zartbitter dazu. Ach nein, dahinten lockt das fruchtige Rot von Erdbeer und ja, Joghurt! Auf jeden Fall Joghurt! Das können die Italiener.

Ich bin jedes Mal vollends überfordert, wenn ich vor der Eistheke des Café Florian in Bansin stehe. Denn was hier hinter Glas auf kleine und große Leckermäuler wartet, ist Verführung pur. Ich weiß nicht, wie viele Kugeln mir im Laufe der Jahre schon auf der Zunge zergangen sind, und ich kann mich auch nicht daran erinnern, dass mir schon mal eine davon keinen tiefen Genussseufzer abgerungen hätte. Oder doch! Ja! Es liegt schon einige Jahre zurück, da reichte mir die junge Verkäuferin einen Löffel mit Pesto über den Tresen. In Eisform. Das war schwierig. Wahrscheinlich auch nicht nur für mich, denn ich habe Pesto-Eis nie wieder hier liegen sehen.

Das Café Florian gehört für mich zu Bansin wie die Fischerboote und der Konzertpavillon. Jeden Tag gibt es mindestens eine Eissorte, die es gestern nicht gab. Mon Chéri wechselt mit Kinderbueno, Snickers mit Raffaello. Und die Menschen lieben es. Bis spät in den Abend stehen sie an Sommertagen an, um ihre Genusssucht zu stillen. Und wenn am nächsten Morgen die Theke wieder öffnet, gibt es das erste Eis schon auf dem Weg zum Strand.

Was das Café Florian für mich noch zu einem Lieblingsplatz auf Usedom macht, sind jedoch die Stunden, die ich abseits der Hauptsaison hier verbracht habe. Wenn Stürme das Meer peitschen und der Wind das Laub durch die leeren Straßen fegt, liegt das Café immer auf meinem Heimweg. Eine Tasse heißen italienischen Kakao, der so dick ist, dass der Löffel in ihm stehen bleibt, und einen Crêpe mit Vanilleeis und elegant geschwungenen Nutellafäden. Was braucht man mehr!

Probieren Sie auch die herzhaften Tagesgerichte. Pasta, Pizzen und Suppen werden hier mit genauso viel Leidenschaft gemacht wie Eis.

STRANDKORBVERLEIH GOLZ /// HAUPTSTRANDAUFGANG AN DER UHR /// 17429 SEEBAD BANSIN ///

POMMERSCHER MORGEN

Strandkorbverleih Golz

26

Jeden Morgen, wenn ich über die Düne gehe, gibt es ein festes Ritual: Ich stelle meine Schuhe unter den Zeitungsständer an Golzens Strandkorbverleih, mache den Hund von der Leine und setze den ersten Fuß in den nachtkalten Sand. Dann laufe ich ein paar Hundert Meter am Ufer entlang der Sonne entgegen. Das Wasser spritzt bei jedem Schritt und mein Blick verliert sich irgendwo in der Weite, während mein vierbeiniger Begleiter die Möwen und Enten weckt. Am Hundestrand machen wir kehrt. Zurück bei Golzens angekommen, beginnt der Tag. Wir Pommern reden nicht gern am frühen Morgen. Aber jetzt geht das schon. »Wie wird das Wetter heute?«, frage ich Bianka Golz. Sie lächelt. »Hoffentlich gut. Wie war das Wasser?« »So um die 22 Grad«, sage ich und setze mich auf einen der Stühle, die ihr Sohn Daniel gerade auf die Terrasse gestellt hat. Mit jeder Minute, die ich hier sitze, verwandelt sich der Strand, der eben noch menschenleer war, mehr und mehr in das Zentrum aller Urlauberträume. Luftmatratzen, aufblasbare Tiere, Bälle und unzählige Schaufeln in bunten Farben warten auf leuchtende Kinderaugen und gnädige Eltern. Der Duft von frischem Kaffee zieht um die Ecke. Dann kommen die ersten Gäste und mieten ihren Strandkorb. Für heute, vielleicht auch morgen oder die ganze Woche. Und eine Zeitung, bitte. Einen Moment genieße ich noch die Sonne, bevor ich losmuss, um mich meinem Tagwerk zu widmen. In ein paar Stunden werde ich wieder hier sein und den Dingen lauschen, die Bianka und Daniel heute erlebt haben. Im Vorbeigehen streichelt Daniel dem Hund über den Kopf. Es hat lange gedauert, bis die beiden so weit waren, und mir scheint, dass nicht nur wir Menschen, sondern auch die Tiere hier ein ganz eigener Schlag sind.

Nehmen Sie sich die Zeit, ein paar Worte mit Golzens zu wechseln. Hier bekommen Sie ein Gefühl für die Menschen Usedoms.

RESTAURANT LA TERRAZZA /// STRANDPROMENADE 25 ///
17429 SEEBAD BANSIN /// 03 83 78 / 47 72 50 ///

DOLCE VITA AM OSTSEESTRAND

Restaurant La Terrazza in Bansin

27

Sechs Prozent Steigung! Man hält es nicht für möglich, dass es auf Usedom solche Anhöhen zu überwinden gilt. Diese hier aber lohnt sich allemal. Zum einen ist sie nur zehn Meter lang. Zum anderen warten an ihrem Ende Ausblick, Genuss und Gastlichkeit. Denn in der Villa Germania an der Promenade in Bansin hat Pantelis Moschos 2015 sein Restaurant La Terrazza eröffnet. Der Blick ist fantastisch und schweift von der Promenade über die Dünen zur Seebrücke, bis er sich irgendwo am Horizont verliert. Noch bevor man in die Karte geschaut hat, ist man begeistert. Ja, so schön ist Usedom.

Die riesigen Sonnenschirme schützen vor zu viel Licht und manchmal auch vor zu viel Regen. Der Wind bleibt hinter den geputzten Glasscheiben zurück. Der Service ist freundlich und vor allem flink. Der kühle Aperol Spritz in der Hand bildet einen herrlichen Kontrast zum Grün ringsum und dem Blau der Ostsee hinter der Düne.

Ganz anders als der Name »Pantelis« vermuten lässt, ist das La Terrazza ein italienisches Restaurant. Ein sizilianischer Pizzabäcker steht am offenen Ofen direkt im Gastraum und wirft Teig durch die Luft. Die Pizza ist zum Niederknien. Auch, weil Sizilianer dieses Handwerk schon als Kinder erlernen. Wahrscheinlich genau wie die Art zu lächeln. Pantelis selbst lässt es sich nie nehmen, ganz nah beim Gast zu sein. Ich kenne kaum jemanden, der mit einer solchen Leidenschaft um mein Wohlergehen bemüht ist und trotzdem Distanz wahrt. Und manchmal an Wintertagen, wenn die Promenade schon im Dunkeln liegt und ich die warme Atmosphäre im Restaurant in wunderbarer Gesellschaft genieße, kommt er mit einer Flasche Grappa an den Tisch. Wir müssen wenigstens daran riechen, meint er und erzählt die Geschichte hinter dem edlen Tropfen, den er gerade irgendwo in Italien entdeckt hat.

Wenn Ihnen Pizza nicht auf den Teller kommt, versuchen Sie Steak im La Terrazza. Das Fleisch ist fantastisch und kommt zudem nicht aus der Pfanne, sondern vom Grill.

SIEBEN-SEEN-BLICK /// AM BERGMÜHLENWEG ///
17429 NEU SALLENTHIN ///

34 METER ÜBER NULL

Sieben-Seen-Blick in Neu Sallenthin

28

Usedom kann auch so richtig ländlich, mit Wäldern, Feldern und unzähligen Seen. Wer einmal mit dem Fahrrad ins Hinterland der Kaiserbäder fährt, spürt schnell in den Oberschenkeln, dass es hier weitaus mehr gibt als nur plattes Land. Die Usedomer Schweiz trägt ganz zu Recht ihren Namen und lässt Wiederholungstäter beim nächsten Ausflug garantiert zum E-Bike greifen.

Schon hinter Bansin, auf dem Weg nach Neu Sallenthin, geht es kräftig bergan. Der Krückenberg ist zwar nur 34 Meter hoch, die aber beginnen schon knapp über dem Meeresspiegel und enden nur wenige Hundert Meter weiter dort, wo das Hotel Bergmühle steht. Hinter dem Hotel, direkt am Bergmühlenweg gelegen, lädt der Sieben-Seen-Blick zur ersten Rast ein. Obenauf ein hölzerner Aussichtsturm, der einen weiten Blick über die Insel gestattet. Achterwasser, Schmollensee, Kleiner und Großer Krebssee, Gothensee, Kachliner See und die Ostsee zeigen sich hinter breiten Landstreifen und Wäldern. Und wäre die Sicht immer klar, hieße der Ort wohl Acht-Seen-Blick, denn mitunter zeigt sich im Süden auch das Stettiner Haff. Schön ist auch, dass der Turm einen nicht fragend in die Ferne sehen lässt, denn an Holzbrettern über dem Ausguck ist die Usedomer Schweiz mit den Namen der einzelnen Seen gezeichnet.

Wer sich sattgesehen hat, findet gegenüber dem Turm auf der anderen Seite des Bergmühlenweges einen Rastplatz, um sich körperlich zu stärken. Die Sicht ist von hier aus zwar nicht mehr so weit, aber genauso schön. Der Blick auf das kleine Dorf Neu Sallenthin und die beiden idyllisch gelegenen Krebsseen sind die passende Kulisse für die weitere Streckenplanung und lassen schnell erahnen, dass es auch weiter bergauf und bergab geht.

Stärken Sie sich im Mühlenrestaurant im Hotel Bergmühle gleich nebenan. Die Küche hier setzt auf Frische – frisches Gemüse, frische Kräuter, Frisches vom Bauern und aus dem Wasser.

FORSTHAUS FANGEL /// FANGEL 15 /// 17429 NEU SALLENTHIN ///

MANCHE DINGE ÄNDERN SICH NIE

Forsthaus Fangel in Neu Sallenthin

29

Achtung, jetzt kommt ein Geheimtipp. Obwohl ich mich gerade frage, wie ein Café, das es schon seit 1937 gibt, noch ein Geheimtipp sein kann. Vielleicht liegt es daran, dass es damals noch kein Internet gab. Oder aber das Gefühl steigt nur wegen der versteckten Lage in mir auf. Denn mein letzter Besuch begann wie schon so viele zuvor mit dem Warten auf einen freien Tisch im Forsthaus Fangel.

Ja, hier steht man noch an und wartet nicht selten bis zu einer Stunde mit neidvollen Blicken auf die fantastischen Kuchen- und Tortenstückchen derer, die das Warten schon hinter sich haben. Man hat auch keine andere Wahl, als genau das zu tun, denn das Café liegt mitten im Wald hinter dem Großen Krebssee in Neu Sallenthin. Kein anderes Café weit und breit. Und während man sich in Vorfreude die Füße platt steht, rauschen über einem die Buchen. Endlich Platz genommen, taucht man ein in eine Welt, in der ein seidener Schimmer auf unseren Erinnerungen liegt. Es ist wie an Großmutters Kaffeetafel. Es riecht nach gutem Kaffee, neben der Zuckerdose liegt die Zange, an den Wänden hängen alte Bilder, der Wind lässt die Holzbalken knacken, es zieht durch die Ritzen und der Kuchen verursacht stille oder weniger stille Genussseufzer. Und dann dieser Kellner. Fast möchte man empört sein über seine Spitzzüngigkeit und erwischt sich doch dabei, wie man seinem Schauspiel auch an allen anderen Tischen folgt.

Das Café Fangel ist von Anfang an in Besitz der Familie Menges. Sie öffnen es von April bis Oktober jeden Nachmittag außer montags. Der Kuchen und die Torten sind selbst gemacht. Vor dem Forsthaus steht ein Parkplatz für all jene zur Verfügung, die nicht mit dem Fahrrad oder zu Fuß kommen. Das heißt aber nicht, dass dort auch ein Stellplatz frei ist. Geheimtipp eben!

Wenn Sie nach dem Tortengenuss etwas Bewegung brauchen, machen Sie einen Spaziergang durch den herrlichen Buchenwald bis hinunter zum Schmollensee, der auch ganz in der Nähe ist.

LANGENBERG /// STEILKÜSTE ZWISCHEN BANSIN UND ÜCKERITZ ///
17429 SEEBAD BANSIN ///

HOCH ÜBER DEN OSTSEEWELLEN

Langenberg bei Bansin

30

Dieser Blick ist herrlich. 54 Meter über dem Meer sieht man die Schiffe nicht mehr nur auf dem Horizont gleiten, sondern mittendrin in der Ostsee fahren. Ungewohnte Perspektive für das angeblich so flache Land am Meer und wahrscheinlich genau deshalb ein beliebtes Ausflugsziel. Der Lange Berg oder Langenberg, wie wir Usedomer ihn nennen, liegt direkt an der Küste hinter Bansin in Richtung Ückeritz. Er gehört zu den höchsten Erhebungen der Insel und ist ständiger Veränderung durch Wind und Wellen ausgesetzt.

Als ich das erste Mal meinen Fuß in den Küstenwald hier setzte, damals im Wahlpflichtfach Biologie, ahnte ich nicht, dass die Insel Jahr für Jahr kleiner wird. Zumindest an dieser Stelle. Und dass es Menschen gibt, die genau das beobachten und aufzeichnen und uns so deutlich machen, was hier über die Zeit wirklich geschieht. Ich stand damals auf dem Langenberg, krallte mich an die Absperrung – die Höhe flößt so einem Inselkind wie mir erst mal Respekt ein – und konzentrierte mich auf die Worte von Harald Heinz. Mein Biologielehrer zeigte mit dem Finger auf einen großen Stein, der unten im Wasser lag. »Das ist der Wappenstein von Bansin«, sagte er, »1908 lag er noch im Kliff unter uns.« Kurz darauf erfuhr ich, dass niemand den Stein dorthin getragen hatte, sondern dass es der stetige Wind und die Stürme waren, die die Steilküste abgetragen haben. Ich begriff, dass dort, wo der Wappenstein lag, um 1900 also noch Land war. Heute sind es etwa 60 Meter zwischen Kliffkante und Stein.

Sieht man sich die Steilküste um den Langenberg vom Strand aus an, fallen einem die schiefen Bäume am Hang auf. Und wer des Öfteren hier ist, wird merken, dass sie von Mal zu Mal ein Stück tiefer gerutscht sind. Auch das ist ein Zeichen für die Veränderung hier.

Machen Sie Rast im Forsthaus Langenberg. Es steht oben auf dem Berg und lädt ein zu Kaffee, Kuchen und gutem Essen.

MÜMMELKENSEE /// AM HEUBERG /// 17429 SEEBAD BANSIN ///

SCHWINGBODEN UND FLEISCHFRESSENDE PFLANZEN

Mümmelkensee bei Bansin

31

Im Küstenwald hinter Bansin, kurz bevor der Zeltplatz beginnt, versteckt sich ein See. Doch Vorsicht! Was hier so idyllisch zwischen den Bäumen liegt, kann gefährlich werden. Denn der Mümmelkensee ist nicht einfach nur ein See mitten im Wald. Er ist der Restsee eines Hochmoores, das sich genau hier befindet. Spätestens, wenn man in unmittelbarer Nähe ist, spürt man den Boden unter den Füßen schwingen. Ein untrügliches Zeichen, dass man zwar auf der Erde steht, diese aber frei schwimmt und man jederzeit in ihr versinken kann. Ich habe das getestet. Unfreiwillig. Damals im Biologieunterricht. Vertrauen Sie mir!

Was ich damals auch gelernt habe, ist, dass es hier eine einzigartige Pflanzen- und Tierwelt gibt. Ich sage nur: fleischfressende Pflanzen! Glauben Sie nicht? Stimmt aber. Denn im Uferbereich des Mümmelkensees wächst der Sonnentau, eine Pflanze, die mithilfe ihrer klebrigen Blätter Insekten fängt und verdaut. Weniger brutale, aber nicht minder interessante Pflanzen gibt es natürlich auch: Lebermoose, Wollgräser und Sumpfporst zum Beispiel. Wem die Welt der Vögel mehr liegt als die der Pflanzen, kann mit etwas Glück einen Eisvogel entdecken. Auch Kraniche, Graugänse und Zwergtaucher sind hier zu Hause.

Der Mümmelkensee hat seinen Namen von der Gelben Teichrose: »Mummel«, plattdeutsch »Mümmelken«. Er wird jedes Jahr kleiner, weil er langsam vom Ufer aus zuwächst. Seine Torfschicht ist im Inneren um die 15 Meter dick, was daran liegt, dass er nie kultiviert und somit hier nie Torf abgebaut wurde. Heute steht der See unter Naturschutz. Ein sicherer Weg führt den Wanderer einmal um ihn herum. Auf einer hölzernen Aussichtsplattform hat man einen schönen Ausblick. Für längere Beobachtungen steht ein überdachter Unterstand auf einem Hügel zur Verfügung.

☞ Sie können den Mümmelkensee nur zu Fuß erreichen. Sollten Sie mit dem Auto kommen, parken Sie es auf dem Waldparkplatz wenige Hundert Meter hinter dem Mümmelkensee.

PROMENADE LODDIN /// PROMENADENWEG /// 17459 SEEBAD LODDIN /// WWW.BERNSTEINBAEDER.DE ///

SPASS MIT OMA

Promenade in Loddin

32

Ich weiß nicht, ob meine Großmutter mich hierher begleitet hätte. Ich meine, damals, als sie noch jeden Sonntagvormittag auf ihrer Bank an der Promenade in Ahlbeck saß. Aber wenn sie es getan hätte, dann hätte es ihr gefallen. Heute kann ich sie nicht mehr fragen. Doch die Vorstellung, mit ihr hier entlangzulaufen, gefällt mir sehr.

Die Loddiner haben sich nämlich etwas Besonderes und auf der Insel Einmaliges einfallen lassen. Sie haben eine Promenade in die Düne gebaut und so die beiden Ortsteile Kölpinsee und Stubbenfelde miteinander verbunden. Allerdings handelt es sich dabei nicht einfach nur um einen Weg. Es ist vielmehr eine Flanier- und Erlebnismeile mit einem tollen Blick über die Ostsee einerseits und viel Raum für Spiel und Spaß andererseits. Am liebsten mag ich die Liegedecks oberhalb der Düne. Hier müsste man mal einen Sonnenaufgang erleben.

Warum ich gerade auf der Loddiner Promenade an meine Großmutter denke? Ganz einfach, es liegt an dem wunderbaren Mehrgenerationenspielplatz. Hier kann man sich in jeder Altersklasse austoben, das Gleichgewicht trainieren oder auch die Beine. Neulich habe ich einen Rollstuhlfahrer auf dem Karussell gesehen. Das ist hier kein Problem. Alles ist barrierefrei. Auf dem Promenadenvorplatz steht ein Drei-Zeiten-Pendel, eine Doppelhelix und eine Wasserstrudelsäule, in der man das Wasser selbst bewegen kann. Das ist so großartig und natürlich gut besucht. Wenn man es lieber ruhig mag, läuft man einfach hinunter an den Kölpinsee und genießt den herrlichen Ausblick von der kleinen, neuen Plattform hier. 700 Meter ist die Dünenpromenade lang. 250 teilweise bis zu elf Meter lange Pfähle wurden für den Weg in die Düne gerammt. Dieser ist drei Meter breit und ich finde, das Ergebnis kann sich sehen lassen.

☞ Wenn Sie mit dem Auto anreisen, nutzen Sie einen der Stellplätze auf dem neuen Parkplatz in Stubbenfelde. Der wurde gemeinsam mit der Promenade eröffnet und liegt genau da, wo Sie hinwollen.

KIRCHE KOSEROW /// ZWISCHEN SCHULSTRASSE UND KOCHSTRASSE ///
17459 OSTSEEBAD KOSEROW /// WWW.KIRCHE-AUF-USEDOM.DE ///

WO SICH GOTT UND SHAKESPEARE TREFFEN

Kirche Koserow

33

Der Wind rauscht in den Kastanien über mir, die die alte Kirche in Koserow wunderbar umrahmen. Genau wie die Feldsteinmauer, die wie ein Ring um das Gotteshaus gelegt ist. Drinnen erwartet mich in wenigen Minuten Shakespeares *Romeo und Julia*. Denn auch in diesem Sommer ist die Kirche Spielstätte von *Klassik am Meer*. Bevor ich hineingehe, werfe ich noch einen Blick auf den stolzen Bau, der schon 1230 eingeweiht wurde. Damals noch als kleine Feldsteinkapelle. Im 15. Jahrhundert wurde sie um Chor und Westturm erweitert, und so steht sie nun vor mir. Am alten Portal auf der Nordseite und am Turmeingang entdecke ich gotische Elemente, die mir bisher nie aufgefallen sind. Irgendwo habe ich gelesen, dass diese Kirche mit jenen in Liepe, Benz und Netzelkow zu den ältesten auf Usedom gehört. Sie ist in jedem Fall die älteste an der Außenküste der Insel. Das weiß ich.

Drinnen ist es angenehm kühl. Ein Vorteil von Kirchen an Sommertagen. Das Bühnenbild steht und verdeckt den schönen Flügelaltar, der aus dem Mittelalter stammt und der letzte original erhaltene auf der Insel ist. An der Wand hängt ein überlebensgroßes Kruzifix. Koserower Fischer haben es einst aus der Ostsee gezogen und glaubten, es sei aus Vineta, der in den Ostseewellen untergegangenen Stadt. Doch dazu später mehr. Experten haben herausgefunden, dass das Kreuz aus Schweden stammt und um die 600 Jahre alt sein muss. Wieder eine Illusion, die wie eine Seifenblase zerplatzt. Dabei passt die Geschichte so wunderbar in die des Ortes. Aber vielleicht haben die Einwohner Vinetas ihr Kruzifix ja auch in Schweden schnitzen lassen.

Kurz bevor der imaginäre Vorhang fällt, finde ich noch einen Platz in den gut gefüllten Bankreihen. Dann beginnt die Aufführung der wohl größten Liebesgeschichte der Weltliteratur.

Nehmen Sie sich Zeit für diese Kirche. Im Park stehen Bänke, die zum Verweilen einladen.

STRECKELSBERG /// 17459 OSTSEEBAD KOSEROW /// WWW.STRECKELSBERG.DE ///

PERFEKTES SEERÄUBERVERSTECK

Streckelsberg in Koserow

34

Mit der Geschichte um Klaus Störtebeker bestieg ich als Kind den Streckelsberg zum ersten Mal. Man erzählt sich, in den Wäldern um den Berg, der sich knapp 60 Meter über die Ostsee erhebt, habe der Freibeuter einst seine Schätze versteckt. Er liebte es, Handelsschiffe auszurauben, und verteilte die Beute unter seinen Mannen und den armen Leuten Mecklenburgs. Gefunden habe ich sein Versteck nie. Aber das Gefühl, auf seinen Spuren unter den rauschenden Bäumen zu laufen, war mir Beweis genug, dass er genau hier gewesen sein muss. Viel später erfuhr ich auch von Vineta, der sagenumwobenen Stadt, die in den Wellen der Ostsee untergegangen sein soll. Genau hier, unweit des Streckelsberges. Wann immer ich hier bin, sucht mein Blick nach der Spitze des Kirchturms, der vielleicht irgendwo noch aus den Fluten ragt.

Der Weg auf den Berg ist ein kurzer, doch nicht wenig anstrengender Pfad durch einen dichten Buchenwald. Oben angekommen, wird man augenblicklich belohnt mit einem herrlichen Blick über die Ostsee bis zur Greifswalder Oie und an schönen Tagen sogar bis nach Rügen. Die Brandungsmauer am Fuße des Berges wurde Ende des 19. Jahrhunderts aus Feldsteinen errichtet und seitdem immer wieder erweitert und saniert. Sie trägt maßgeblich dazu bei, dass die Abtragungen durch Wind und Wellen eingedämmt werden konnten. Denn bevor der Streckelsberg 1818/19 mit Rotbuchen bewaldet wurde, war er den Kräften des Meeres schutzlos ausgesetzt. Geologen fanden heraus, dass er in den letzten 300 Jahren um 250 Meter abgetragen wurde und somit einst bedeutend größer gewesen sein muss als heute. Trotzdem ist er nach dem Golm bei Kamminke die zweithöchste Erhebung der Insel und die höchste an der Außenküste. 1961 wurde der Streckelsberg zum Naturschutzgebiet erklärt.

Wenn Sie ganz still sind und dem Wind und den Wellen lauschen, können Sie an Ostern aus den Tiefen der Ostsee die Glocken von Vineta hören … heißt es.

STRECKELSBERG /// 17459 OSTSEEBAD KOSEROW ///

SIE KANN NOCH GERETTET WERDEN

35

Streckelsberg in Koserow –
Blick auf die versunkene Stadt Vineta

Ob Sie es glauben oder nicht: Vineta ist vor Usedom untergegangen. Genau an der Stelle vor Koserow, auf die man vom Streckelsberg aus blickt. Und die Hoffnung ist noch nicht verloren, dass sie eines schönen Tages auch wieder aus den Fluten aufsteigen wird.

Sie war einst die größte und reichste Stadt im ganzen Land. Doch trieben ihre Einwohner mit dem Reichtum nur Unsinn. Sie wurden verschwenderisch und hochmütig und sahen die Vorzeichen des nahenden Untergangs nicht. Denn eine Wasserfrau hatte gemahnt: »Vineta, Vineta, du rieke Stadt, Vineta soll unnergahn, wieldeß se het väl Böses dahn!« (»Vineta, Vineta, du reiche Stadt, Vineta soll untergehen, weil sie viel Böses getan hat!«) In einer dunklen Novembernacht dann riss eine Sturmflut die Stadt in die Tiefe. Alles, was von ihr blieb, ist das Läuten ihrer Glocken an Ostertagen. Nur Sonntagskinder können sie alle 100 Jahre am Morgen des Ostersonntags aus dem Meer aufsteigen sehen. Und wenn eines von ihnen den Mut hat, sie zu betreten, wird es beeindruckt sein von ihrem Reichtum und ihrer Schönheit. Die Häuser sind reich verziert und nur aus besten Materialien gebaut. Die Menschen tragen die schönsten Kleider, Gold und Diamanten. Geschäftiges Treiben herrscht in den Straßen. Doch über allem liegt eine große Stille. Kinder spielen ohne Laute an den Ecken. Kein Ton kommt von den Tieren. Händler bieten wortlos ihre Waren feil. Aber ein einziger Kauf, ein einziger Pfennig genügt, und Vineta wäre gerettet. Der Klang hielte wieder Einzug in ihren Gassen und sie würde nie wieder auf dem Meeresgrund verschwinden.

So oder so ähnlich erzählt man sich die Sage von Vineta seit Jahrhunderten. Und wer weiß, vielleicht wird am nächsten Osterfest ein Wunder geschehen.

Jeden Sommer finden auf der Ostseebühne in Zinnowitz die Vineta-Festspiele statt und eine farbenprächtige Geschichte aus der Welt der versunkenen Stadt wird erzählt.

KARLS ERLEBNIS-DORF /// ZUM ERLEBNIS-DORF 1 ///
17459 OSTSEEBAD KOSEROW /// 03 82 02 / 40 50 /// WWW.KARLS.DE ///

WILLKOMMEN IN DER WELT DER ERDBEERE

Karls Erlebnis-Dorf in Koserow

36

Irgendwo habe ich einmal gelesen, Karls Erlebnis-Dörfer sind der wohl organisierte Wahnsinn rund um die Erdbeere. Ich finde diese Formulierung sehr treffend, obwohl dabei die leuchtenden Kinderaugen und bleibenden Erinnerungen, die ein Besuch hier mit sich bringt, nicht ausreichend gewürdigt werden. Denn wenn Karls eines kann, dann ist es, Kinder glücklich zu machen.

Nun hat ja die Insel seit 2016 ihr eigenes Erlebnis-Dorf in Koserow. Es ist gar nicht zu verfehlen, denn man fährt auf der Bundesstraße direkt daran vorbei. Der Eintritt ist frei, genau wie der Parkplatz vor der Tür. Früher war hier nur Wiese. Durch ein Tor geht es hinein in die bunte Erdbeerwelt. Überall wuselt es. Rutsche, Wasserspielplatz, Streichelzoo, Bauernmarkt, Pfannkuchenschmiede, Bonbonmanufaktur. Es nimmt kein Ende. Hier geht es nicht nur um die Erdbeere, sondern um all die schönen Dinge, die die ländliche Idylle für Kinder reizvoll machen. Es ist ein bisschen so wie in den Bilderbüchern, aus denen sich ihre Träume nähren. An allen Ecken kann man zusehen, mitmachen, probieren. Und kaufen! Denn Karls ist auch ein Shoppingparadies. Neben den süßen Verführungen in Form von Kuchen, Crêpes und Bonbons kommt auch Deftiges auf den Teller. Der riesige Laden mit allen nur denkbaren Lebensmitteln, die zumindest einen Anteil an Erdbeeren enthalten, ist für Usedomer Verhältnisse ungewöhnlich. Und macht Spaß.

Ich setze mich an einen der vielen Tische und lasse das Leben um mich einfach geschehen. Die Erdbeerbrause ist wirklich gut. Und während ich mich entschließe, der Kaffeekannen-Ausstellung noch einen Besuch abzustatten, erzählt ein kleines Mädchen am Nebentisch seiner Mutter von dem Irrgarten, den es unbedingt noch erleben will.

☞ Fahren Sie in der Saison mit dem Zug nach Koserow. Das Erlebnis-Dorf ist immer gut besucht und der Parkplatz entsprechend voll. Der Bahnhof ist nur wenige Schritte entfernt.

CAFÉ MORITZ /// HAUPTSTRASSE 100 /// 17459 OSTSEEBAD KOSEROW ///
03 83 75 / 9 38 26 /// WWW.CAFE-MORITZ.DE ///

GENUSSSEUFZER AUF OFFENER STRASSE

Café Moritz in Koserow

37

Vorsicht! Die folgenden Zeilen könnten Appetit machen und jeden Eisliebhaber spontan zu einem Ausflug nach Koserow verleiten. Was erst einmal kein Problem ist, außer er befindet sich gerade in München. Und selbst dann spricht ja nichts gegen einen Ausflug auf die Insel. Doch ich schweife ab.

Das Café Moritz in Koserow hatte 2017 das beste Eis auf Usedom. Das jedenfalls meinten die Leser der Ostseezeitung. Grund genug, mir selbst ein Bild zu machen.

Da stehe ich nun vor der Eistheke und frage mich, ob es überhaupt möglich ist, auf der Insel besseres Eis als im Café Florian in Bansin zu bekommen. Ich schaue in die Auslage und bin erst einmal beeindruckt von der Anzahl der Sorten. Es sind 30. Mindestens! Die nette Dame mir gegenüber lächelt und sagt: »Diesen Gesichtsausdruck kenne ich.« Ich fühle mich ertappt, lächle verlegen zurück und entscheide mich, auch aufgrund der Schlange, die hinter mir wächst, für Erdbeer, Joghurt-Holunder und Sanddorn. Was nun folgt, könnte ich mit einfachen Worten als sehr lecker beschreiben. Doch es ist mehr als das. Ich vergesse in Windeseile, dass ich mich auf einem Bürgersteig befinde, und entschwinde unter merkwürdigen Genusslauten in den Eishimmel. »Da sollten Sie mal die Torten probieren«, sagt ein älterer Herr im Vorbeigehen und holt mich augenblicklich auf den Boden der Tatsachen zurück. Tatsache ist, dass man hier 25 Jahre Eishandwerk schmeckt. In Gesprächen mit Leuten, denen ich auf der Terrasse oder im Gastraum begegne, outeten sich die meisten als Wiederholungstäter. Kein Wunder, denke ich und hole mir noch eine zweite Portion.

Probieren Sie die Sanddorntorte! Die gehört auf Usedom einfach dazu.

KOSEROWER SALZHÜTTE /// AN DER SEEBRÜCKE ///
17459 OSTSEEBAD KOSEROW /// 03 83 75 / 2 06 80 ///
WWW.KOSEROWER-SALZHUETTE.DE ///

WO DER HERING EINST IN SALZ BADETE

Koserower Salzhütte

38

Die Sonne steht schon recht tief am Himmel, als ich mich mit Peter auf die Terrasse der Koserower Salzhütte setze. Es gibt Fisch zum Abendbrot. Natürlich.

Ich bin aufgewachsen mit der Abscheu meiner Großmutter gegen Hering. Während des Krieges gab es ihn jeden Tag. Sonst nichts. Schon das Wort veränderte ihre Gesichtsfarbe. Viele Jahre hab ich es ihr gleichgetan. Aus Liebe, denn wer braucht schon Hering! Außerdem ist der Geruch beim Braten eine Abscheulichkeit. Ich erinnere mich daran, dass es in unserer Nachbarschaft Leute gab, die Hering deswegen auf dem Hof zubereiteten. Irgendwann habe ich dem Fisch eine Chance gegeben. Und ich mag ihn. Am liebsten sauer eingelegt mit Zwiebeln und Bratkartoffeln oder als Cherrymatjes im Brötchen.

»Früher, als es noch keine Konserven gab, wurde Hering auf Salz gelagert. So hielt er sich wenigstens«, sagt Peter. Er ist Hobbyfischer, aber eigentlich Fleischer. »Die Salzhütten stammen aus dieser Zeit. So aus dem 19. Jahrhundert. Na, jedenfalls fast. Sind Nachbauten. Die Originale hat der Sturm zerstört. Diese hier sind wohl von 1900.«

Die kleinen, schilfgedeckten Häuser haben keine Fenster. Wozu auch! Hier in Koserow stehen noch einige von ihnen. In einer der Salzhütten ist das Standesamt untergebracht, in anderen sind Läden und ebendieses Restaurant.

»Die stehen wohl unter Denkmalschutz«, sagt Peter. »Gut so«, sage ich. Er zuckt mit den Schultern. »Jo. Die sollen mal den ganzen modernen Kram in ihre Städte bauen und uns hier in Ruhe lassen.« Die pommersche Natur lugt aus seinen Augen. »Jo! Finde ich auch«, entgegne ich und wir schauen beide gedankenversunken auf den Tisch und nicken. »Is schön hier«, unterbreche ich das Schweigen. »Jo«, sagt Peter.

In einer der Salzhütten ist eine Ausstellung über die Geschichte untergebracht. Sehr sehenswert.

BÜCHERBAUM /// FISCHERSTRASSE /// 17459 SEEBAD ZEMPIN /// WWW.BERNSTEINBAEDER.DE ///

SO GEHEN GESCHICHTEN VON HAND ZU HAND

Bücherbaum in Zempin

39

Bücherbäume sprießen ja in den letzten Jahren vielerorts aus den gut gepflasterten Wegen und Plätzen Deutschlands. Die Idee dazu ist so einfach wie genial. Man bringt ein Buch, das man gelesen hat, aber nicht behalten möchte, und stellt es in den Baum. Gleichzeitig kann man sich ein anderes mitnehmen. So wechselt der Inhalt über die Monate und verspricht immer wieder Interessantes. Und auch weniger Interessantes. Denn als Liebhaber des geschriebenen Wortes gerät man beim Griff in die Auswahl manchmal schon sehr ins Zweifeln. Was lesen die Menschen denn da? Am Beispiel des Bücherbaums in Zempin sogar: Was lesen die Menschen denn da im Urlaub? Interessanterweise macht genau diese Frage den Charme eines Bücherbaumes aus. Es geht nicht mehr nur um den Inhalt. Es entsteht immer auch eine Illusion darüber, wer ein Buch wohl zuvor in den Händen gehalten hat. Was hat es mit ihm gemacht und warum ist es hier gelandet?

Der Bücherbaum in Zempin ist ein wunderbarer Ort, innezuhalten und einzutauchen in andere Welten. Er steht als formschöne Schnitzerei mit Sitzgelegenheit mitten auf dem Dorfplatz. Einerseits begrenzen hölzerne Bücher die breite Bank, andererseits ragt der Bücherbaum über zwei Etagen in die Höhe, obenauf sitzt ein lesender Mensch. Schon der Anblick dieses Kunstwerkes macht Lust, hier Zeit zu verbringen und gleich die ersten Seiten zu lesen. Wer keinen Platz mehr findet, nutzt eine der anderen Bänke auf dem Dorfplatz. Ringsum steht eine Vielzahl an reetgedeckten Häusern, die dem kleinsten Seebad der Insel einen ganz eigenen Charakter verleihen. Es ist ein bisschen ländliche Idylle, die eine Ruhe ausstrahlt, wie man sie an der Ostseeküste Usedoms gar nicht erwartet.

Ganz in der Nähe des Dorfplatzes steht die Alte Schule von Zempin. Sie ist heute Vereinshaus und Ausstellung. Ein Kaufmannsladen aus dem Jahre 1928 ist hier zu besichtigen.

GROSSE EICHE AM ANGLERHAFEN /// AM ACHTERWASSER ///
17459 SEEBAD ZEMPIN /// WWW.BERNSTEINBAEDER.DE ///

WENN DIESER BAUM ERZÄHLEN KÖNNTE

Große Eiche am Anglerhafen in Zempin

40

Manchmal, wenn mir an Sommertagen der Trubel der Urlauberscharen an den Stränden zu groß wird, zieht es mich an die Ufer des Achterwassers. Zum Beispiel nach Zempin. Der kleine Anglerhafen hier verspricht Ruhe. Nur gelegentlich zieht der Duft von frisch geräuchertem Fisch an mir vorbei und ich höre fröhliche Kinderstimmen. Dann laufe ich zu der großen Eiche hinüber und setze mich auf die Bank, die in ihrem Schatten steht. Meine Finger gleiten über das Holz und ich frage mich, wie viele Menschen hier wohl schon gesessen haben. Wie viele Küsse, wie viel Glück und wie viele Tränen dieser Baum schon gesehen hat. Seit über 350 Jahren wächst er hier, als letzter Rest eines einst so stattlichen Eichenwaldes zwischen Zempin und Zinnowitz. Früher wurden unter seinen Blättern Schweine gemästet und leider auch Abschussrampen zum Test der Flugbombe V1 in den Wald gebaut. Wenn ich mich recht erinnere, gehörte Zempin während des Zweiten Weltkrieges zum Sperrgebiet Peenemünde West. In den Versuchsanstalten im äußersten Norden der Insel wurden damals neue Waffensysteme, wie Marschflugkörper und Großraketen, entwickelt. Das ist das traurige Kapitel in der Geschichte dieses Baumes, der Insel und weit darüber hinaus.

Was mich an dieser Eiche fasziniert, ist die Kraft, die sie ausstrahlt. Leicht zum Achterwasser geneigt, streckt sie ihre Äste weit in alle Richtungen und macht dabei den Anschein, jedem Sturm standhalten zu können. Ihre mächtige Krone lässt nur erahnen, wie tief sie ihre Wurzeln über die letzten dreieinhalb Jahrhunderte ins Erdreich getrieben haben muss. Und wenn man in ihrem Schatten sitzt, hört man den Wind in den knorrigen Ästen rauschen und es ist, als würde sie Geschichten erzählen.

☞ Wer mehr über die Heeresversuchsanstalt wissen möchte, sollte einen Ausflug nach Peenemünde machen. Das Historisch-Technische Museum gibt einen tiefen Einblick in das dunkle Kapitel der Inselgeschichte.

USEDOM REFUGIUM /// DÜNENSTRASSE 34 ///
17454 OSTSEEBAD ZINNOWITZ /// 03 83 77 / 37 12 06 ///
WWW.USEDOMREFUGIUM.DE ///

KUNST MIT VIEL GEFÜHL

Usedom Refugium – Kunst am Meer in Zinnowitz 41

In der Zinnowitzer Dünenstraße, gar nicht weit von der Promenade entfernt, hat Michaela Schubert ein kleines Kunstparadies geschaffen. Die Galerie mit dem schönen Namen »Refugium – Kunst am Meer« lässt die Lebendigkeit der Strände vor der Tür und taucht ein in die Gedanken- und Gefühlswelt regionaler Künstler, die weit über die Insel hinaus bekannt sind. Namen wie Oskar Manigk, Matthias Wegehaupt, Volker Köpp, Horst Leifer, Christiane Latendorf und viele andere begegnen einem in den kleinen Räumlichkeiten. Malerei, Grafiken und Skulpturen in wechselnden Einzel- oder Gemeinschaftsausstellungen werden gezeigt und verändern auf wohltuende Weise den Blick auf die Insel. Denn Usedom ist mehr als Ostseeurlaub und Bäderarchitektur. Es ist eine Insel, die Künstler von jeher faszinierte. Im Wechsel der Jahreszeiten verändert sich die Natur. Die Seele der Insel folgt dem Takt der Saisonzeiten. Wo gerade noch Scharen an Sommerfrischlern die Strände bevölkerten, ist bald nur noch eisiger Wind und graue Weite. Otto Niemeyer-Holstein hat ein halbes Jahrhundert damit zugebracht, das Meer und die Menschen hier zu studieren. Otto Scheele und Kurt Heinz Sieger taten es ihm gleich. Sabine Curio und Volker Köpp tun es bis heute. Manch einer verliebt sich auf Anhieb in die Melancholie der Kunst am Meer. Im Refugium in Zinnowitz hat sie ein Zuhause gefunden.

Der kleine Kunstladen im Haus lädt zum Stöbern ein und bietet neben Malerei und Grafiken auch Keramik, Schmuck und Kunstbücher zum Kauf an. In der Vinothek finden sich erlesene Weine aus Deutschland, Frankreich, Italien und Spanien. Die Klassiker wecken das Interesse genauso wie die Neuentdeckungen. Vertrauen Sie Michaela Schubert. Die Frau hat Geschmack.

Nach einem Besuch des Refugiums sollten Sie ans Meer gehen. Idealerweise abseits der Urlauberströme. Verbinden Sie das Gefühl des frischen Windes mit der Seele der Insel.

PIER 14 /// NEUE STRANDSTRASSE 36 ///
17454 OSTSEEBAD ZINNOWITZ /// 03 83 77 / 35 29 17 ///
WWW.PIER14.DE ///

GROSSSTADTFEELING TRIFFT KAISERZEIT

42

Konzeptstore Pier 14 in Zinnowitz

Beim ersten Besuch dieses coolen Ladens war ich so hin und weg, dass ich mir gleich mal mit der flachen Hand an die Stirn klatschte und meiner inneren Stimme recht gab, als sie sagte: »… und du hast die Kamera vergessen!« Denn der Konzeptstore Pier 14 in Zinnowitz ist ein ganz dicker Hingucker. Hier wurde ein für Inselverhältnisse ganz neues Ladenkonzept mit viel Gespür für menschliche Genüsse in Kombination mit echten Usedom-Details umgesetzt. Egal, in welche Ecke man guckt, überall finden sich Bäderarchitektur-Elemente und Accessoires, die an das Ende der Kaiserzeit erinnern. Im Bistro liegt teilweise das Gemäuer der alten Villa Gruner, in der sich der Laden befindet, frei. Gesichter von Stuckelementen schauen von der Decke auf einen hinab. Der ausgediente Koffer eines Zinnowitzer Zahnarztes, der ihm einst aus Stettin zugeschickt wurde, dient heute als Gürtelvitrine. Eine verwitterte Holztür mit geschnitzten Löwenköpfen steht im Schaufenster. Die Registrierkasse scheint aus einem anderen Jahrhundert zu stammen. Die Liste ist endlos. Und wenn man schließlich auf der Toilette war, ist man vollends verzaubert von diesem Laden.

Das Ambiente macht es einem leicht, Zeit hier zu verbringen, zwischen den Markenklamotten zu stöbern, die regionalen Produkte im Feinkostbereich zu entdecken und sich im Bistro dem kulinarischen Genuss hinzugeben. Auch der begehbare Weinschrank bekommt im Pier 14 in Zinnowitz eine ganz neue Bedeutung. Mit hängendem Kopf kann man hier richtig Appetit auf edle Tropfen bekommen.

Und als wäre das alles nicht schon Lifestyle genug, steht vor der Tür ein historischer Verkaufswagen, der im Sommer handgemachtes Eis aus Italien und im Winter frische Crêpes und Glühwein anbietet.

Probieren Sie den selbst gemachten Kuchen hier und dazu einen Kaffee von der Dinzler Kaffeerösterei. Sie werden begeistert sein.

GALERIE USEDOMFOTOS /// KIRCHSTRASSE 4 ///
17454 OSTSEEBAD ZINNOWITZ /// 01 73 / 2 03 54 46 ///
WWW.USEDOMFOTOS.DE ///

DIE GANZE INSEL IN EINEM RAUM

galerie usedomfotos in Zinnowitz

43

An der Kirche in Zinnowitz, zwischen herrlichen Bäderarchitektur-Villen, gibt es eine kleine Galerie, in deren einem Raum man die ganze Faszination dieser Insel entdecken kann. Wie auf einem schmalen Steg führen helle Dielen in die Ausstellung. Links und rechts von ihnen liegt feiner Ostseesand und auch Strandgut. An den Wänden hängen atemberaubend schöne Fotografien. Sie zeigen die Insel, wie sie die wenigsten von uns kennen. Ganz nah an den Naturschauspielen der Sonnenauf- und -untergänge, versteckt unter Schneemassen, auf Augenhöhe mit Seeadlern, mitten im Leben der Strandfischer und noch so vieles mehr. Die Zahl der Motive ist schier endlos. Allen gemein ist aber eine bemerkenswert gute Qualität. Denn als Matthias Gründling, seines Zeichens Narkose- und Intensivmediziner an der Uniklinik in Greifswald und leidenschaftlicher Fotograf, 2013 die galerie usedomfotos eröffnete, legte er die Messlatte für die Präsentationen der Bilder sehr hoch. Denn was lohnt das schönste Motiv, wenn der Druck eine Katastrophe ist? Recht hat er.

Damals, Anfang Juni 2013, waren sie alle gekommen, die Inselfotografen und Usedom-Liebhaber, die Presse und die Freunde, und sie waren begeistert. Bis heute ist die kleine Galerie ein Juwel für Usedom-Fotografien und noch vieles mehr auf dem Eiland. Mittlerweile stehen auf dem kleinen Vorhof Sitzgelegenheiten zur Verfügung, denn man möchte hier verweilen und immer aufs Neue eintauchen in die beeindruckenden Bilderwelten. Wechselnde Ausstellungen setzen Akzente und lassen Raum für Experimente. Denn Matthias Gründling hat ein Händchen für wirklich gute Fotografie und vermag es, neben dem Moment auch das Gefühl einzufangen. Und wenn man sich am Ende in eines der Bilder verliebt hat, kann man es gut verpackt mit nach Hause nehmen.

☞ Die Fotos von Matthias Gründling und anderen Usedom-Fotografen gibt es auch in den Bildbänden *Ein Jahr auf Usedom* und *Ein Jahr auf Usedom – Erinnerungen.*

VINETABRÜCKE /// STRANDPROMENADE ///
17454 OSTSEEBAD ZINNOWITZ /// WWW.ZINNOWITZ.DE ///

GROSSARTIGE AUSSICHTEN

Vinetabrücke in Zinnowitz

44

Zugegeben, sie fällt im Vergleich zu den Seebrücken in Ahlbeck und Heringsdorf eher schlicht aus und wird durch die Tauchgondel am Ende auch gern mit den Seebrücken in Zingst oder Sellin verwechselt. Aber sie hat Charme, besonders wenn man zurück in Richtung Land spaziert und der Blick auf die stattliche Architektur des Preußenhofs fällt. Die Mischung aus Seeluft, Meeresrauschen und Bäderarchitektur katapultiert einen in Windeseile zurück in die Kindheit und lässt erahnen, was die Sommerfrischler schon vor über 120 Jahren hierherzog. Es ist einfach beeindruckend schön!

Kurz nach der Wende, 1993, um genau zu sein, wurde die Seebrücke eröffnet. Man taufte sie auf den Namen »Vinetabrücke«, in Erinnerung an die Legende, die reiche Stadt sei in den Fluten vor Usedom untergegangen. Ob das wirklich so ist, werden wir wohl erst erfahren, wenn ein Sonntagskind sie am Ostersonntagmorgen aus den Wellen aufsteigen sieht und für immer von ihrem Fluch befreit. Die erste Zinnowitzer Seebrücke hat ihre Anfänge um 1897, also etwa zur gleichen Zeit wie ihre beiden Schwestern im Inselsüden. Damals wurde ein Steg in die Ostsee gebaut, um Schiffe anlegen zu lassen. Zehn Jahre später wurde dieser zur Seebrücke erweitert. Ende der 1940er-Jahre musste man sie jedoch abreißen, da das Wetter, das Meer und besonders das Packeis über die Jahrzehnte zu starken Schäden geführt hatten. Danach kam lange nichts. Die heutige Vinetabrücke ist 315 Meter lang, hat zwei Aussichtsplattformen und eine Tauchgondel, die 2006 eröffnet wurde. Mit ihr kann man auf den Grund der Ostsee fahren und versuchen, einen Eindruck vom Leben im trüben Brackwasser zu bekommen. Unter fachlicher Anleitung, versteht sich. Zudem wird ein 3D-Film gezeigt, der in dieser Atmosphäre täuschend real wirkt.

Das Ostsee-Lift-Café, das sich direkt an der Seebrücke befindet, erhebt sich zu jeder vollen Stunde in luftige 25 Meter Höhe und bietet einen herrlichen Blick über die Seebrücke.

HISTORISCH-TECHNISCHES MUSEUM PEENEMÜNDE /// IM KRAFTWERK ///
17449 PEENEMÜNDE /// 03 83 71 / 50 50 ///
WWW.MUSEUM-PEENEMUENDE.DE ///

USEDOMS DUNKELSTE UND KLANGVOLLSTE SEITE

Historisch-Technisches Museum im ehemaligen Kraftwerk der Heeresversuchsanstalt Peenemünde 45

Peenemünde verbinde ich mit den traurigsten und schönsten Momenten der Inselgeschichte. Hier, im äußersten Norden Usedoms, stehen noch heute die Überreste der Heeresversuchsanstalt, die während des Zweiten Weltkrieges das größte militärische Forschungszentrum Europas beherbergten. Bis zu 12.000 Menschen, größtenteils Zwangsarbeiter, arbeiteten hier unter der Leitung von Wernher von Braun an der Entwicklung von neuartigen Waffensystemen. Terrorwaffen, um genau zu sein. Dazu gehörten Marschflugkörper und erste Großraketen, die als Vergeltungswaffen gegen die Zivilbevölkerung konzipiert waren und auch zum Einsatz kamen.

Das Kraftwerk ist vollständig erhalten und frei begehbar. Es erinnert in Ausstellungen und an interaktiven Medienstationen an dieses dunkle Kapitel der Inselgeschichte. Über einen gläsernen Fahrstuhl gelangt man auf eine Aussichtsplattform auf dem Dach des Kraftwerkes. Von hier aus eröffnet sich einem das ganze räumliche Ausmaß der Rüstungsanlagen. Über einen Rundweg von etwa 25 Kilometern ist die Denkmal-Landschaft begehbar. Sensible Bereiche wurden jedoch ausgespart, da das Gelände munitionsbelastet ist.

Das Historisch-Technische Museum Peenemünde arbeitet bis heute die Geschichte der Heeresversuchsanstalt auf und widmet sich dabei auch dem Leben der Zwangsarbeiter. In der ehemaligen Turbinenhalle des Kraftwerkes finden jährlich während des Usedomer Musikfestivals klassische Konzerte statt, die Tausende Menschen nach Peenemünde locken. Symphonieorchester spielen unter der Leitung berühmter Dirigenten weltbekannte Stücke. Und dann ist es, als würde sich der Klang der Musik mit den geschichtsträchtigen Wänden verbinden und den Räumen jede Schwere nehmen. Jedes Jahr wird Peenemünde dadurch ein Stück heller.

☞ Neben Peenemünde befindet sich in Karnin, auf der anderen Seite der Insel, ein Relikt der Auswirkungen des Zweiten Weltkrieges. Die Überreste der Eisenbahnhubbrücke stehen hier in der Peene.

Apolonia
HAFEN KARLSHAGEN /// AM HAFEN ///
17449 OSTSEEBAD KARLSHAGEN /// 03 83 71 / 2 00 66 ///
WWW.KARLSHAGEN.DE ///

AUS ALT MACH NEU

Hafen Karlshagen

46

Der Hafen in Karlshagen bietet maritimes Flair par excellence. Es sitzt sich einfach herrlich hier. Man kann den Booten beim Rein- und Rausfahren zusehen, die Fischer bei der Arbeit beobachten und fünfe mal so richtig gerade sein lassen. Dazu gibt es leckere Fischbrötchen, und für einen Segeltörn, der in Erinnerung bleibt, legt die Weisse Düne ein- bis zweimal die Woche an. Das über 100 Jahre alte Plattbodensegelschiff ist schon ein Hingucker für sich.

Mit über 100 Liegeplätzen ist der Hafen hier der größte auf der deutschen Seite der Insel. Er liegt am Peenestrom und bietet neben maritimem Tourismus auch zahlreiche Ferienwohnungen zum Übernachten an. Kultureller Höhepunkt ist das Hafenfest, das jeden Sommer Ende Juli stattfindet. Dann verwandelt sich der Hafen in eine bunte Meile mit Händlern und Fahrgeschäften. Auf dem Wasser finden Regatten originalgetreu nachgebauter Arbeitsbootmodelle statt. Ausflugsfahrten und rasante Trips mit dem Speedboot sind möglich. Und weil auch ein Höhepunkt einen Höhepunkt braucht, steigt ein fantastisches Feuerwerk in den Nachthimmel und bringt die Augen aller Besucher zum Leuchten.

Kurzum, die Karlshagener lieben ihren Hafen. Für diese Idylle haben sie sich in den letzten Jahren mächtig ins Zeug gelegt und Fischerei- und Yachthafen komplett modernisiert. Früher wurde er nämlich als Militärhafen genutzt und in einem unansehnlichen Zustand hinterlassen. Davon ist heute nichts mehr sichtbar. Ganz im Gegenteil! Der Hafen in Karlshagen ist gut ausgerüstet für das 21. Jahrhundert. Und über das WLAN, das im ganzen Hafenbereich zur Verfügung steht, können die neiderweckenden Sonnenuntergangsbilder, die man hier machen kann, sofort in die Welt hinausgeschickt werden.

Mieten Sie sich ein Fahrrad und fahren Sie vom Hafen aus immer an der Peene entlang bis nach Peenemünde.

NATURHAFEN KRUMMIN /// DORFSTRASSE 24 /// 17440 KRUMMIN /// 0 38 36 / 20 16 60 /// WWW.NATURHAFEN.DE ///

EINFACH NUR SCHÖN

Naturhafen Krummin

47

Wer einmal einen Abend im Naturhafen in Krummin verbracht hat, wird immer wieder hierher zurückkehren. Die Atmosphäre ist beeindruckend schön und die Ruhe grenzenlos. Die Krumminer Wieck verwöhnt das Auge, das Wasser plätschert leise und die vielen kleinen Lampen verwandeln den Hafen des Nachts in ein Lichtermeer.

Das erste Mal war ich vor einigen Jahren hier, vielleicht aber auch als Kind schon einmal. Ich weiß es nicht und es spielt auch keine Rolle, denn seitdem wird sich hier viel verändert haben. Es war an einem lauen Sommerabend Ende Juli. Einer meiner Lieblings-Singer-Songwriter hatte sich für das Kleine Hafenfestival in Krummin angekündigt und versprach ein besonderes Konzert in maritimer Atmosphäre. Ich war beeindruckt. Von seinen Liedern einerseits, doch noch mehr von diesem Hafen. Der Hafenmeister stand am Grill und verkaufte original Krumminer Bratwürste. Im Räucherofen hingen Forellen und Lachse, die wenig später zum Verzehr auf den Tellern landeten. Auf den Stegen saßen Menschen mit Cocktailgläsern in den Händen. Von den Terrassen der Hausboote klang Lachen herüber und die Abendsonne spiegelte sich auf dem Achterwasser. Alles schien von einem weichen Glanz überzogen, der mir bis heute ein Lächeln entlockt, wenn ich an Krummin denke.

Neben dem Kleinen Hafenfestival, das jedes Jahr stattfindet und unter den Usedomern sehr beliebt ist, werden auch Hafendinner veranstaltet. Dann trifft feinste Küche auf diese besondere Atmosphäre und verwöhnt genusssüchtige Inselliebhaber. Der Naturhafen in Krummin ist übrigens ein inhabergeführter Privathafen und der einzige mit Vier-Sterne-Klassifizierung auf Usedom. Auch schwimmende Ferienwohnungen und Suiten werden hier an Gäste vermietet.

☞ Einmal im Jahr findet hier *Märchen & Musik* statt. An der Kaikante werden dann Märchen erzählt und von Streichmusik begleitet.

NASCHKATZE /// DORFSTRASSE 25 /// 17440 KRUMMIN /// 0 38 36 / 60 22 13 ///

EIN POMMERNLOCH, BITTE!

Gartencafé Naschkatze in Krummin 48

Ich gebe zu, das hier muss man mögen. Und ich mag es! Schon wenn ich über die Plattenstraße in Richtung Krummin fahre, ist es, als komme ich in eine andere Welt. Idyllisch, vielleicht ein bisschen verschlafen und unglaublich weit weg von stressigem Alltag und Verkehrschaos. Mit jedem Meter unter den uralten Linden, die sich hier zu einer der prächtigsten Alleen in ganz Mecklenburg-Vorpommern vereinen, wird es ruhiger. Draußen und in mir. Am Ende der Straße lächeln mich rote Buchstaben über einer Hofeinfahrt an: »Naschkatze«! Ich bin angekommen.

Die Naschkatze ist ein verspieltes Gartencafé mit viel Liebe zum Detail und unglaublich üppigem Grün. Überall unter den Bäumen und an den Sträuchern stehen Tische. Für die hauseigene Naschkatze ist ein Stuhl per Schild reserviert. Jedoch ist es gut möglich, denn das ist Katzen so eigen, dass sich der schnurrende Haustiger heute auf einem anderen Stuhl zur Ruhe bettet. Das passt, denkt man, und lässt ihn gewähren. Der Blick geht über die Pflanzenpracht, die vielen Details und die klugen Sprüche, die einem überall begegnen und so manches Lächeln bescheren. Widmet man sich dann dem Angebot, wird aus dem Lächeln erst ein Fragezeichen und dann wieder ein Lächeln. Steht da wirklich »Pommernloch« und »Froschkuchen«? Ja, das steht da wirklich und es ist sehr lecker. Denn hier wird alles selbst gemacht, vom Kuchen bis zur Soljanka. Auf Wunsch gibt es auch interessante Erklärungen zu den Pflanzen des Gartens. Für die Kinder stehen Unmengen an Spielsachen zur Verfügung, alle etwas in die Jahre gekommen, aber vielleicht gerade deshalb so reizvoll. Und für den Fall, dass Petrus Regen über die Insel schickt, gibt es einen überdachten und beheizten Bereich in der Naschkatze.

Wenige Schritte weiter befindet sich einer der schönsten Naturhäfen der Insel.

ZUR PFERDETRÄNKE /// DORFSTRASSE 31 /// 17440 KRUMMIN ///
0 38 36 / 23 10 23 /// WWW.PFERDETRAENKE-KRUMMIN.DE ///

GERÄUCHERTE WACHTEL IN DER PFERDETRÄNKE

Gaststätte Zur Pferdetränke in Krummin

49

Diese Gaststätte passt nach Krummin. Sie ist rustikal, urig und vor allem bio. Alles, was hier auf den Tisch kommt, ist bodenständig, genügt höchsten Ansprüchen und schmeckt. Viel wird selbst hergestellt. Das Brot kommt täglich frisch aus dem Steinofen und ist die perfekte Grundlage für die leckeren Schmalzstullen, die es hier gibt. Dazu ein kühles Blondes aus der Usedomer Brauerei und ein schattiges Plätzchen im Garten. Perfekt! Wer es lieber süß mag, sollte zum selbst gebackenen Kuchen greifen. Unter den verschiedenen Sorten findet jeder etwas für seinen Geschmack. Mir selbst hat es der Quark-Sanddorn-Kuchen angetan. Zum Niederknien!

Die Pferdetränke – das ist ein gemütliches Gartencafé mit einem Hofladen, der regionale Produkte verkauft und auch zum Versand anbietet. Dazu gehört nicht nur das gerade erwähnte Brot, sondern auch Biokäse aus Schafs- oder Kuhmilch, Wildsalami, Usedomer Teesorten, Geister und Liköre, Aufstriche und eine Besonderheit, die es auf Usedom nur hier in der Pferdetränke gibt: über Buchenholz geräucherteWachteln! Probieren Sie die, wenn Sie da sind. Sie werden begeistert sein.

Was mir in der Pferdetränke besonders gefällt, ist das alte Interieur im Hofladen und im Gastraum. An den Tischen stehen unterschiedliche Stühle, alte Lampen spenden Licht, ein schmiedeeiserner Ofen steht in der Ecke und der Blick aus den großen Fenstern fällt auf den hauseigenen Streichelzoo mit Eseln, Ziegen, Meerschweinchen und Hasen. Im Garten blühen im Frühjahr die Fliedersträucher und im Sommer die Rosen. Ein Spielplatz sorgt für noch mehr Spaß bei den Kindern. Bei all der Besonderheit ist es kein Wunder, dass man schnell mehr Zeit hier verbringt als eigentlich geplant.

Besuchen Sie auch die St.-Michael-Kirche in Krummin. Sie stammt aus dem 13. Jahrhundert und ist eine der ältesten der Insel.

FISCHSTÜBCHEN /// NEEBERGER STRASSE 26A /// 17440 KRUMMIN ///
0 38 36 / 60 33 22 /// WWW.FISCHSTUEBCHEN.DE ///

IMMER HER MIT DER EXTRAWURST

Fischstübchen in Neeberg

50

Manch einer sagt, hier gibt es den besten Fisch, den er je gegessen hat. Ich sage, das kann schon sein. Denn hier im Fischstübchen im alten Fischdorf Neeberg in der Nähe von Krummin wird Fisch aus den Gewässern um Usedom genau so zubereitet, wie es die alten Usedomer Fischerfamilien tun. Deftige Heringshäckerle, Dorschfilet, Zander gebraten, Aal gedünstet und noch vieles mehr. Die Liste an Fischgerichten scheint schier endlos. Wer sich nicht entscheiden kann, greift zum Kapitäns- oder zum Lotsenteller und hat das Best of Usedomfisch appetitlich zubereitet auf einem Gedeck liegen. Dass man auf Usedom beim Würzen nur zu Pfeffer und Salz greift, sollte niemanden verwundern. Die pommersche Natur liebt es schlicht.

Das Restaurant in einem reetgedeckten Haus gibt es seit 1993, nur ein paar Hundert Meter vom kleinen Hafen entfernt. Es hat sich in den letzten Jahren zum beliebten Ausflugslokal für Gäste von der Insel und dem nahen Festland um Wolgast entwickelt. Der Gastraum ist urig maritim mit alten Fischernetzen und Steuerrädern an den Wänden. Die Größe des Restaurants erscheint durch seine Verwinkelung gar nicht unangenehm. Die Gerichte werden auf Tellern in Fischform serviert. Draußen wartet eine Terrasse mit Biergarten. Der Innenhof ist überdacht. In der Etage über dem Restaurant gibt es Fremdenzimmer. Auch Ferienwohnungen werden angeboten.

Was besonders schön im Fischstübchen ist: Jeder Extrawunsch wird mit einem Lächeln entgegengenommen und je nach Tageszeit und Gästezahl gern umgesetzt. Da wird die Suppe für die Kinder schon mal auf zwei Teller verteilt oder zum Fisch nur Salat serviert. Wer in der Saison jedoch nicht mit hungrigem Magen wieder abziehen möchte, der sollte auf jeden Fall vorher einen Tisch reservieren.

Gleich in der Nähe zeigt die *Galerie im Hühnerstall* Bilder, Collagen und Fotos von Margret Schreiber-Gorny.

SÜDSPITZE GNITZ /// 17440 LÜTOW ///

FASZINIERENDE STILLE

Südspitze Halbinsel Gnitz

51

Das Besondere an der Insel Usedom ist, dass man ganz schnell der Lebendigkeit der Seebäder entfliehen kann. Denn abseits der Küstenlinie, im Hinterland, dort, wo die Insel am ursprünglichsten ist, warten Ruhe, Weite und fast unberührte Natur.

Von Zinnowitz zum Beispiel führt eine Straße nach Süden auf die Halbinsel Gnitz. Sie ist umgeben von Achterwasser, Peenestrom und Krumminer Wieck. Kaum eine Gegend auf Usedom ist so schön, still und verträumt wie die Südspitze hier. Wander- und Radwege bringen den Besucher an entlegene Orte, über denen mit ein bisschen Glück sogar Seeadler kreisen. Ein Trampelpfad führt am Steilufer entlang bis hinauf auf den 32 Meter hohen Weißen Berg. Von hier aus eröffnet sich einem ein atemberaubender Blick über die Krumminer Wieck bis hinüber auf die Halbinsel Wolgaster Ort und den Hafen von Neeberg. Schaut man in die andere Richtung, erkennt man bei klarer Sicht die alte Stadt Lassan auf dem Festland, die zu den kleinsten in ganz Deutschland zählt. Der Weiße Berg trägt seinen Namen übrigens aufgrund des hellen Sandes an seiner Kliffkante. Er ist durch Wind und Wetter stetigen Veränderungen ausgesetzt und wird dadurch von Jahr zu Jahr kleiner. Dass man der Natur hier freien Lauf lässt, erschließt sich auch aus den schiefen Bäumen, die nach und nach am Steilufer in die Tiefe rutschen, bis sie schließlich langsam im Wasser verwittern.

Von der Ostküste der Halbinsel Gnitz aus sieht man auf die Insel Görmitz, die nur wenige Quadratkilometer groß ist. Sie ist völlig flach und bietet durch ihren breiten Schilfgürtel Seevögeln ein Paradies zum Brüten und zur Aufzucht ihres Nachwuchses. Die Insel steht, wie die Südspitze des Gnitzes auch, unter Naturschutz.

Die Kirche in Netzelkow ist die einzige auf dem Gnitz. Sie stammt aus dem 15. Jahrhundert und hat einen frei stehenden hölzernen Glockenstuhl.

GNITZER SEELCHEN /// ZINNOWITZER STRASSE 2 /// 17440 LÜTOW/NEUENDORF /// 03 83 77 / 3 64 39 /// WWW.GNITZER-SEELCHEN.DE ///

GANZ VIEL LEIDENSCHAFT

Gnitzer Seelchen in Neuendorf

52

Ich erinnere mich noch an den Tag vor einigen Jahren, als Karsten Bauckhage in meinem Büro in Bansin saß und mich fragte, ob man ein Café »Gnitzer Seelchen« nennen könne. Na klar, dachte ich, endlich mal was anderes. Aber zuerst wollte ich von ihm wissen, was für ein Café das werden sollte. Er erzählte mir von einem schönen Garten und einem Backsteinhaus mit Gastraum im Industriestil und mit viel Liebe zum Detail und von den Ideen für Kuchen und Torten mit Obst aus Pommern. Ich spürte die Leidenschaft in jedem Satz, und die Vorstellung, bald ein solches Café auf dem Gnitz besuchen zu können, machte mir ein gutes Gefühl. Ja, Gnitzer Seelchen, das passte.

Heute ist das Café von Karsten und seiner Frau Anja Realität und schon lange kein Geheimtipp mehr auf Usedom. Hier gibt es den besten Kuchen der Insel, hört man die Gäste sagen. Wir Insulaner nennen ihn einfach: eine Wucht! Jeder, der Urlaub auf Usedom macht, besucht das Gnitzer Seelchen im kleinen Ort Neuendorf südlich von Zinnowitz. Neben dem hervorragenden Kuchen gibt es auch Herzhaftes. Hier setzt man auf regionale Produkte vom Apfel bis zum Käse. Alles ist ausgewählt und von hoher Qualität. Das Interieur des Gastraumes ist wunderbar. Industriestil ja, aber keineswegs kühl und klar. In jeder Ecke gibt es etwas zu entdecken und glücklicherweise stehen all die Entdeckungen auch zum Verkauf. Der Garten ist prächtig und mit viel Gefühl gepflegt. Fast wähnt man sich in einer Bilderbuchidylle.

Doch ich glaube, all das wäre nur halb so schön, würden das Lächeln und die freundlichen Worte über den Verkaufstresen fehlen. Denn die Leidenschaft, mit der mir Karsten damals von der Idee erzählte, strahlt noch heute in ihm und seiner Frau.

Probieren Sie die Sanddorntorte. Die Beeren dafür sammeln die beiden persönlich auf Usedom und dem nahen Festland.

ATELIER OTTO NIEMEYER-HOLSTEIN /// LÜTTENORT ///
17459 OSTSEEBAD KOSEROW /// 03 83 75 / 2 02 13 ///
ATELIER-OTTO-NIEMEYER-HOLSTEIN.DE ///

MIT DEM KÄPT'N IM ATELIER

Atelier Otto Niemeyer-Holstein in Lüttenort bei Koserow 53

Als ich Lissy das erste Mal begegnete, war ich fasziniert von ihrer Lebendigkeit. Es war an einem späten Herbstabend unweit der Kirche von Benz. Sie, schon über 80, hatte wie ich das Konzert einer Freundin besucht. Dieser Abend war für uns beide der Beginn einer Freundschaft mit vielen besonderen Gesprächen. Lissy erzählt gern, und die Art, wie sie es tut, rührt mich bis heute an. Ihre wachen Augen, die sonnengebräunte Haut und das weiße Haar unterstreichen die Erlebnisse, die sie so wunderbar in Worte fassen kann. Dass sie einst das Aktmodell von Otto Niemeyer-Holstein war, erfuhr ich jedoch nie von ihr. Ich las es irgendwann in einer Zeitung. Und plötzlich verstand ich ihre Liebe zu Lüttenort.

Lüttenort, das ist die schmalste Stelle der Insel. Hier, zwischen Koserow und Zempin, trennen nur wenige Meter Land die Ostsee vom Achterwasser. Otto Niemeyer-Holstein zog sich in den 1930er-Jahren hierher zurück und benannte den Ort nach seinem Segelboot Lütter. Damals ließ er einen ausgedienten S-Bahn-Waggon als Unterkunft auf die Insel transportieren. Den gibt es noch heute hier. Und genau wie der beeindruckend schöne Garten mit seinen Skulpturen, in dem sich Kunst und Natur berühren, und das alte und neue Atelier erinnert er an das Leben des Malers auf Usedom.

Lissys Augen leuchten, wenn sie über den »Käpt'n« spricht. Humor hätte er gehabt und ein Schauspieler sei er gewesen. Lüttenort ist ihr bis heute ein Bedürfnis. Nicht nur wegen der gemeinsamen Stunden an der Staffelei, sondern auch, weil sie den Strand genauso liebt, wie er es tat. »Der Strand ist meine große Geliebte, sie hat mich nie enttäuscht«, sagte er einmal über sein Lieblingsmotiv. Und Lissy gab er mit auf den Weg: »Bleib neugierig! Reiß die Augen auf!« Genau das macht sie bis heute.

Nehmen Sie unbedingt an einer Führung durch die Räumlichkeiten und den Garten in Lüttenort teil. So erfahren Sie wunderbare Anekdoten über den Käpt'n.

FISCH- UND GRILLRESTAURANT WATERBLICK /// AM MÜHLENBERG 5 ///
17459 SEEBAD LODDIN /// 03 83 75 / 2 02 94 /// WWW.WATERBLICK.DE ///

AUSSICHTSREICHES SEEMANNSGARN

Restaurant Waterblick in Loddin

54

Es heißt, wenn du auf Reisen bist, geh dort essen, wo es die Einheimischen tun. Das hier ist so ein Ort und vielleicht ist er auch noch ein bisschen mehr. Denn wenn Peter Noack im Waterblick in Loddin anfängt, seine Geschichten zu erzählen, wird es rundherum still. Jeder hängt an seinen Lippen, schmunzelt und weiß doch ganz genau, dass nur die Hälfte von dem wirklich stimmen kann. Aber spielt das eine Rolle?

Die Atmosphäre im Restaurant, dieser Blick auf das Achterwasser und die echte pommersche Fischküche machen jeden Besuch hier zum Erlebnis. Für Gäste genauso wie für Einheimische. Und ehrlich, wir Usedomer essen Fisch eigentlich nur, wenn Muttern oder Großmuttern ihn zubereitet haben. Aber hier im Waterblick schmeckt es einfach wie zu Hause. Außerdem sehen die Kellner in ihren Fischerhemden super aus. Die Toilette heißt »Schiethus«, wie vor 100 Jahren, und der kleine Laden mit den hauseigenen Spezialitäten und solchen von der Insel wurde »Pommern Delikat« genannt. Ja, ganz sicher in Anlehnung an die gleichnamigen Delikatessen-Geschäfte während der DDR-Zeit.

Und wussten Sie, dass der nördlichste Weinberg Deutschlands auf dem Land von Peter Noack steht? Seit 1999 wachsen hier 99 Rebstöcke. Hauptsächlich Cabernet Sauvignon und Chardonnay. 2002 wurde die erste Ernte eingefahren. Die Mischung aus Südhanglage, den vielen Sonnenstunden und dem mit Muschelresten durchzogenen Boden bietet ideale Bedingungen. Peter Noack sagt: »Unser Chardonnay hat nur einen Fehler. Es gibt zu wenig davon.« Wenn im Waterblick also hauseigener Wein serviert wird, ist das auch genau so gemeint. Ach ja, und eine eigene Weinkönigin gibt es natürlich auch. So ein hübsches Inselkind, versteht sich.

Wenn Sie Zeit mit dem Wirt verbringen wollen, besuchen Sie den Waterblick tagsüber. Wer Sonnenuntergänge liebt, kommt später.

LODDINER HÖFT /// 17459 SEEBAD LODDIN ///

GESELLIGES NATURPARADIES

Loddiner Höft

55

Schließen Sie die Augen! Alles um Sie herum ist ruhig. Nur der Wind rauscht in den Bäumen. Sie spüren ihn auf der Haut und auch die Wärme der letzten Sonnenstrahlen. Ein paar Meter unter Ihnen schwappen leise Wellen an den Strand. Eine Vogelstimme hier und da und das Gekreische einer Möwe in der Ferne. Gleich wird die Sonne irgendwo auf der anderen Seite des Achterwassers untergehen. Es ist atemberaubend schön hier.

Genau das ist die Magie des Loddiner Höfts, einer Landzunge, die mit ihrer herrlichen Natur das ganze Jahr über die Menschen in ihren Bann zieht. »Höft« nannten die Slawen übrigens höher gelegene Uferbereiche. Im Falle des Loddiner Höfts ist der höchste Punkt ein Steilufer mit etwa 16 Metern über dem Meeresspiegel. Oben steht eine Bank. Doch bitte verfallen Sie nicht in den Glauben, hier für sich allein zu sein. Die Schönheit lockt nicht nur Sie an, denn der Ausblick ist schon lange kein Geheimtipp mehr. Und dennoch lohnt er sich.

Vom Restaurant Waterblick in Loddin aus führt ein gut ausgeschilderter Wanderweg über die Halbinsel bis ans Steilufer. Je weiter man sich von der Siedlung entfernt, umso größer wird die Stille, bis man irgendwann das Rauschen des Achterwassers hört. Das Loddiner Höft ist ein Paradies für Wanderfreunde. Radfahrer sollten ihren Drahtesel besser schieben, denn der Weg ist sandig und schwer zu befahren. Hat man sein Ziel auf dem Steilufer erreicht, entdeckt man im Süden das Ufer des Lieper Winkels und im Westen die Halbinsel Gnitz und die Insel Görmitz. Wer besonders viel Glück hat, kann von hier aus Seeadler beobachten. Sie sind seit Jahren wieder heimisch auf Usedom und ihr Anblick, wenn sie weit am Himmel über uns kreisen, ist beeindruckend schön.

Gehen Sie anschließend ins Restaurant Waterblick und lauschen Sie den Geschichten von Peter Noack.

CAFÉ KNATTER /// HAUPTSTRASSE 36 /// 17459 SEEBAD ÜCKERITZ ///
03 83 75 / 2 29 66 /// WWW.CAFE-KNATTER.DE ///

WO DIE BRETTER BEBTEN

Café Knatter in Ückeritz

56

Zugegeben, der Name ist ungewöhnlich und bleibt vielleicht genau deshalb in den Köpfen der Leute, die das Café Knatter in Ückeritz besuchen. Dabei ist die Geschichte des Namens schnell erzählt. Denn wo heute die Pension Café Knatter mit dem beliebten Restaurant und der Surfschule steht, gab es einst nicht mehr als eine Bretterbude und diesen sagenhaften Blick auf das Achterwasser. Und wenn der Wind damals kräftig wehte, knatterte es ordentlich unter dem Bretterdach.

Über die Jahre entstand hier einer der angesagtesten Surfspots der Insel. Das Revier ist weit und flach. Der Wind steht oft günstig. Die Atmosphäre an Land ist entspannt. Anfang der 1990er-Jahre leuchteten hier die Segel der Windsurfer in der Sonne, heute prägen zudem Kitesurfer, Segler und Stand-up-Paddler das Bild. Aus der Bretterbude ist irgendwann ein fester Bau geworden, der durch seine extravagante Architektur ins Auge fällt und sich genau dahin ausrichtet, wohin wir blicken wollen, wenn wir einen so schönen Ort besuchen. Hinaus aufs Wasser.

Wer ins Café Knatter kommt, liebt den maritim-leichten Lebensstil. Das Interieur von Pension und Restaurant sucht auf der Insel seinesgleichen. Natürlich ist auch die Speisekarte maritim geprägt, mit einem interessanten mediterranen Einfluss. Probieren Sie die Achterntagliatelle! Die Terrasse mit Blick auf die kleine Mole des Sportboothafens und das Achterwasser ist groß. Man kann Stunden hier verbringen. Und wenn der Tag sich neigt, füllt sich die Wiese vor der Surfschule zusehends. Denn es gibt nur wenige Orte auf Usedom, an denen die Sonne so schön untergeht wie hier. Langsam senkt sie sich über dem Loddiner Höft und wirft ihre letzten Strahlen in tiefen Rot- und Orangetönen über das Achterwasser.

Leihen Sie sich ein Boot aus und genießen Sie eine Ausfahrt auf das Achterwasser.

HAFEN STAGNIESS /// 17459 SEEBAD ÜCKERITZ ///
03 83 75 / 25 20 /// WWW.YACHTCLUB-USEDOM.DE ///

MONDSCHEINFAHRTEN UND MÖWENSCHISS-CUP

Hafen Stagnieß

57

Ein paar Hundert Meter vor Ückeritz aus Richtung Schmollensee und den Kaiserbädern kommend gibt es auf der linken Seite einen Abzweig von der Bundesstraße. Er führt in den Wald hinein. Schilder weisen auf das Forstamt Neu Pudagla, den Gesteinsgarten und den Kletterwald hin. Und auf den Hafen Stagnieß. Denn am Ende der Straße befindet sich ein traumhafter kleiner Naturhafen mit ebendiesem Namen. Er liegt ganz versteckt am Achterwasser und macht beim ersten Besuch einen fast unwirklichen Eindruck. Es ist alles da. Eine Hafenmeisterei, ein Café, ein Imbiss. Sogar ein Campingplatz und andere Unterkünfte. Doch alles erscheint in Miniatur und von einer großen Ruhe überzogen. Das Wasser plätschert leise an der Kaikante. Die lange Hafenausfahrt ist von Bäumen gesäumt. Links und rechts liegen ein paar Sportboote. Und die *Jessica,* die zu Ausflugsfahrten einlädt.

Wer die Idylle dieses kleinen Hafens und des Achterwassers auf ganz besondere Weise genießen möchte, dem empfehle ich eine Mondscheinfahrt mit der *Jessica* in den Sommermonaten. An Deck des Schiffes gibt es viele Sitzmöglichkeiten und der Blick kann ungestört auf die naturbelassenen Ufer fallen. Dazu gibt es maritime Musik und ein Glas guten Wein oder Bier. Je nach Belieben. Und irgendwann geht die Sonne unter und taucht das Achterwasser in ein ganz eigenes Licht.

Einmal im Jahr findet in Stagnieß das Fischerfest statt und bringt Leben in die Idylle. Meist im August. Höhepunkt ist dabei der Möwenschiss-Cup. Das mit den Namen können die Usedomer! Dabei handelt es sich um eine für alle Klassen offene Segelregatta, die innerhalb kürzester Zeit zum beliebten Event geworden ist. Und wenn wieder alle gut an Land angekommen sind, wird bei der Fischerparty das Tanzbein geschwungen.

Zwischen dem Strand in Ückeritz und dem Hafen Stagnieß verkehrt das Ückeritz-Shuttle. Es ist für Kurkartenbesitzer kostenlos.

USEDOMER GESTEINSGARTEN /// NEU PUDAGLA ///
17459 SEEBAD ÜCKERITZ /// 03 83 75 / 2 04 60 ///

GANZ SCHÖNE BROCKEN

Gesteinsgarten in Ückeritz

58

Die meisten Menschen erliegen dem Glauben, das Land am Meer sei flach. Je weiter man in Richtung Küste kommt, umso weniger Berge findet man. Das Wandern macht Freude und wenig Anstrengung und endet zumeist im kühlen Nass. Im Prinzip stimmt das auch. Aber so richtig flach ist Usedom nicht, wie unschwer an den Steilküsten an Ostsee und Achterwasser zu erkennen ist. Auch die Usedomer Schweiz hat es in sich. Das bestätigen selbst passionierte Inselradler. Der Grund dafür liegt in der letzten Eiszeit und der Bewegung der Gletscher aus Skandinavien. Nach dem Abschmelzen hinterließen die nämlich die typischen Endmoränen-Landschaften und eine ganze Reihe von Findlingen. Also Gesteinsbrocken, die hier eigentlich gar nicht hergehören.

Davon finden Sie ein paar stattliche Exemplare seit einigen Jahren im Gesteinsgarten am Forstamt Neu Pudagla unweit von Ückeritz. Hier wurde gemeinsam mit dem Institut für Geologie der Universität Greifswald eine der bedeutendsten Gesteins- und Geschiebesammlungen Norddeutschlands geschaffen. 140 Geschiebe sind zu sehen, zudem Findlinge aus Finnland und Schweden, die durch die Gletscher bis zu 1.000 Kilometer transportiert worden sind. Besonders eindrucksvoll ist ein riesiger Nexösandstein, auf dessen Oberfläche die Spuren seiner Gletscherreise zu erkennen sind. Der älteste Stein des Gesteinsgartens soll zwei Milliarden Jahre alt sein, der schwerste wiegt sieben Tonnen. Schautafeln geben Einblicke in die geologische Geschichte Usedoms und klären über die ursprünglichen Orte der Findlinge auf. Und das ist spannender, als man vielleicht glauben mag.

Der Gesteinsgarten hat an 365 Tagen im Jahr geöffnet und der Eintritt ist frei. Es werden auch Führungen angeboten.

Gleich nebenan bietet das Waldkabinett interessante Einblicke in die Flora der Insel.

KLETTERWALD USEDOM /// 17459 SEEBAD ÜCKERITZ ///
03 83 75 / 2 26 77 /// WWW.KLETTERWALD-USEDOM.DE ///

BETREUTES KLETTERN IM KÜSTENWALD

Kletterwald in Ückeritz 59

In den Küstenwäldern Usedoms wachsen uralte Buchen und Kiefern. Der typische Geruch eines Waldes am Meer und das Rauschen des Windes in den Baumkronen machen ihn unverwechselbar. Und wir stehen am Boden, genießen die gute Luft und sehen mit einem Lächeln hinauf zu dem grünen Blätterdach. Wie wäre es wohl, sich dort oben von Ast zu Ast zu schwingen, mit den Vögeln auf Augenhöhe zu sein und den Wind zu spüren?

Ich kann es Ihnen sagen: Es ist aufregend schön! Denn im Kletterwald Usedom, nahe der B111 kurz vor Ückeritz, können Sie genau das erleben. Von eineinhalb Meter Höhe bis in die Baumwipfel reichen die Parcours. Sechs sind es an der Zahl. Von Spiel und Spaß über Fitness und Erlebnis bis zu Abenteuer und Risiko. Damit Letzteres nicht zu groß wird, wachen aufmerksame Augenpaare über jeden Schritt. Wobei »Schritt« in meinem Fall wohl das falsche Wort ist. Es ist mehr ein zittriges Fortbewegen, denn Adrenalin ist mein ständiger Begleiter. Selbst in eineinhalb Meter Höhe. Es geht über Seile und Hängebrücken immer weiter nach oben. Ich klettere, schwebe an Seilrutschen von Baum zu Baum, muss wie Tarzan springen und darf am Ende sogar mit den Wipfeln surfen. Es ist atemberaubend, auch mit zittrigen Beinen. Denn die sind das Einzige, was ich spüre, wenn ich einen Moment innehalte. Und der Wunsch, augenblicklich wieder festen Boden unter den Füßen zu haben. 14 Meter sind verdammt hoch!

Eigentlich bin ich heilfroh, dass ich wieder auf der Erde stehe, als sich mein inneres Kind meldet und schreit: Noch mal, bitte! Der Abenteuerdrang blitzt in meinen Augen auf und ich weiß: Ja, ich werde es wieder tun und vielleicht teste ich beim nächsten Mal auch den Monkey Tree und klettere an ihm ins Blätterdach der alten Buchen und Kiefern.

Fahren Sie mit der Usedomer Bäderbahn bis zur Haltestelle Neu Pudagla. Von hier sind es nur ein paar Hundert Meter Fußweg zum Kletterwald und Sie sind sicher vor Stau und Parkgebühren.

BADESTELLE PUDAGLA /// 17429 PUDAGLA ///

WO EINST MÖNCHE IHRE FÜSSE BADETEN

Badestelle Pudagla 60

Was ich bis heute an Usedom liebe, ist seine Vielfalt. Ich kann in nur zehn Minuten dem Trubel der Seebäder entkommen und eintauchen in die Ruhe und Schönheit des Achterlandes. Einer dieser Rückzugsorte ist für mich die Badestelle am Achterwasser bei Pudagla. Die Stille hier ist herrlich nach einem lebendigen Tag zwischen Urlauberscharen und Verkehrschaos. Einfach nur sitzen und zuschauen, wie die Sonne langsam untergeht und das Eiland in ein wunderbar warmes Licht taucht. Einen Stein ins Wasser werfen und den Kreisen zusehen, bis sie wieder verschwinden.

Manchmal frage ich mich in diesen Momenten, ob es hier immer so ruhig war. Denn man glaubt es kaum, aber Pudagla war einst das Verwaltungszentrum der Insel. Irgendwann vor 600 oder 700 Jahren. Ein kleines Königreich geführt von Mönchen. Das reichste Kloster der Region. Man regierte autark, hatte Ländereien und vergab Fischereirechte, nahm Zölle ein und betrieb Viehzucht. Damals entstand auch der Klosterdamm, die Straße, die es noch heute zwischen Pudagla und der Kreuzung Schmollensee gibt. Irgendwann ging das Kloster unter, auch das Gebäude steht nicht mehr. Später bekam der kleine Ort dafür ein Schloss. Als Witwensitz für die Herzogin Maria von Sachsen. Das gibt es heute noch und es ist ein beliebtes Ausflugsziel für Radfahrer, die im Achterland unterwegs sind. Hier befindet sich ein kleines Café und ab und an finden Veranstaltungen statt.

Dass Pudagla eine bewegte Geschichte hat und so viel älter ist als die nahe gelegenen Kaiserbäder, sieht man dem Ort nicht an. Doch was bis heute geblieben ist, ist die natürliche Schönheit und dieser sagenhaft schöne Sonnenuntergang am Achterwasser, der nicht nur Gäste, sondern auch Insulaner immer wieder an die Badestelle nach Pudagla zieht.

Am anderen Ende Pudaglas steht auf einem Hügel eine Bockwindmühle, die mit viel Liebe restauriert wurde und zu besichtigen ist.

GLAUBENSBERG /// ZUM GLAUBENSBERG /// 17429 PUDAGLA ///

DEN INSELSÜDEN ÜBERBLICKEN

Glaubensberg in Pudagla

61

Zu der Zeit, als ich in Ahlbeck aufwuchs, lebte ich in einem Mikrokosmos. Es gab nur diese eine Straße, die hinunter zur Promenade führte, die Eisdiele an der Ecke und die Ostsee. Manchmal, wenn das Wetter am Strand zu widrig war, verirrte ich mich auch auf die Thingstätte in den Wald hinter den Bahnschienen. Orte wie Reetzow und Stoben entdeckte ich erst viel später. Ich muss 14 gewesen sein, als ich das erste Mal auf dem Glaubensberg in Pudagla stand und überwältigt von der Schönheit dieser Insel war, die ich von hier zwar nicht in all ihren Ausmaßen überblicken konnte, deren weite Wälder und Seen mich aber auf der Stelle begeisterten.

Knapp 39 Meter ist der Glaubensberg hoch, der ganz in der Nähe des Schmollensees liegt und von dem aus man bis zum Streckelsberg nach Koserow, über das Achterland und das Achterwasser und natürlich auch über die Ostsee bis rüber zur Insel Wollin sehen kann. Irgendwo im Süden tauchen auch die Flügel der Pudaglaer Bockwindmühle auf. Der Hügel ist teilweise bewaldet. Wo kein Baum wächst, liegen saftige Wiesen. Wer mit dem Rad von Bansin aus an der B111 in Richtung Kreuzung Schmollensee entlangfährt, sieht den Glaubensberg linker Hand in seiner ganzen Schönheit. Wem der Anblick nicht reicht und wer den Ausblick genießen will, findet oben auf dem Berg einen schönen Rastplatz.

Hinterher empfiehlt es sich, den Wanderweg zum Schmollensee hinunter zu nehmen. Mit fünf Quadratkilometern ist er der zweitgrößte See der Insel Usedom. Der Glaubensberg liegt auf einer Landzunge, die den See in ein größeres und tieferes Nordbecken und ein kleineres und flacheres Südbecken teilt. Ein breiter Schilfgürtel umgibt das Gewässer und bietet Seevögeln günstige Bedingungen zum Brüten und Rasten.

Am Fuße des Glaubensberges sind noch Überreste von Produktionsstätten aus dem Zweiten Weltkrieg zu finden. Hier wurden Elektroteile für die Raketen in Peenemünde gebaut.

HOLLÄNDERMÜHLE BENZ /// MÜHLENBERG /// 17429 BENZ ///
01 72 / 9 09 69 74 /// WWW.MUEHLE-BENZ.DE ///

ES STEHT EINE MÜHLE ÜBER DEM DORF

Holländermühle in Benz

62

Das hier ist ein Stück heile Welt. Der sandige Weg den Mühlenberg hinauf hat schon so manches Wagenrad gesehen. Die Natur ringsum erinnert an unbeschwerte Kindertage, an die Heiden von Kummerow vielleicht oder an Michel von Lönneberga. Doch womöglich verknüpfe ich das alles auch nur mit meinem ersten Besuch der Mühle in Benz. Damals an einem warmen Frühlingstag auf einem Ausflug mit der Schulklasse.

Dass die Benzer Mühle heute diesen Charme versprüht, ist vielen Menschen und ihrer Leidenschaft zu verdanken. Sie ist ein Kleinod oder ein Refugium, wie Otto Niemeyer-Holstein sie einst nannte. Er kaufte die Mühle 1973, nachdem sie nutzlos geworden war. Ihm stand der Sinn nach einer Begegnungsstätte für junge Künstler und danach, sie zu erhalten. Auch weil der Blick vom Mühlenberg so einmalig ist. Der wiederum war dem Maler Lyonel Feininger schon 1910 aufgefallen. Er hinterließ in seinem umfangreichen Werk viele Skizzen von der Insel Usedom, darunter eben dieser Blick über Benz und den Schmollensee. Zum Drehort für eine Effi-Briest-Verfilmung wurde die Mühle 1968. Seit jeher ist sie das Wahrzeichen des kleinen Ortes. Zwischen April und Oktober ist sie an sechs Tagen in der Woche geöffnet. Montags bleibt sie geschlossen. Wer nun vermutet, dass es hier einzig um die Mühle und den tollen Ausblick geht, sollte erst einmal den Kuchen probieren, den es im nebenstehenden Backhaus zu kaufen gibt. Ein Gaumenschmaus, der jeden Besuch zum absoluten Highlight macht.

Ab und an finden an der Mühle auch Veranstaltungen statt. Der Höhepunkt ist das Mühlenfest mit Livemusik, Führungen und noch mehr gutem Kuchen. Und beim Blick über das bunte Treiben ist man Niemeyer-Holstein und all den anderen Menschen dankbar, dass es diesen Ort noch heute gibt.

Auf dem Friedhof am Fuße des Mühlenberges ist das Grab des Malers Otto Niemeyer-Holstein zu finden.

KIRCHE BENZ /// KIRCHSTRASSE 16 /// 17429 BENZ /// 03 83 79 / 2 03 65 /// WWW.KIRCHE-BENZ.DE ///

GROSSARTIGE KLÄNGE UNTER STERNENHIMMEL

Kirche in Benz

63

Im kleinen Ort Benz, südwestlich der Kaiserbäder, steht die wohl bekannteste Kirche Usedoms. Denn der Maler Lyonel Feininger, der zwischen 1908 und 1913 die Sommer auf Usedom verbrachte, verewigte sie in Skizzen und Zeichnungen. Umrahmt von einer Feldsteinmauer und zwischen großen Kastanien lädt sie Besucher zu Gottesdiensten, Konzerten und Lesungen ein. Auch ihre Außenmauern tragen Feldsteine und ihr schlichter Anblick passt zu der einfachen Lebensweise der Menschen hier in den letzten Jahrhunderten. Im Gegensatz zu anderen Usedomer Kirchen ist die St.-Petri-Kirche recht hell. Ihre Decke zieren 148 auf Kassetten gemalte Sterne und 64 Rosen. Dabei soll kein Stern dem anderen gleichen. Nur zwei ähneln sich sehr. Links und rechts des Altars stehen spätgotische Schnitzfiguren aus dem 18. Jahrhundert. Einst waren es sechs an der Zahl, doch Diebe stahlen 2014 eine der Figuren, sodass heute nur noch fünf zu bewundern sind.

Die Benzer Kirche ist ein beeindruckendes Gotteshaus, doch ihren ganzen Zauber verbreitet sie während der Konzerte des Usedomer Kantatenchores, die zweimal im Jahr in der Vorweihnachtszeit und im Sommer stattfinden. Der Kantatenchor besteht aus den Kirchenchören von Benz und Koserow und hat um die 60 Mitglieder. Unter der Leitung von Clemens Kolkwitz führt er gemeinsam mit internationalen Solisten und Orchestern Oratorien auf und lockt dazu unzählige Menschen nach Benz. An diesen Tagen platzt die Kirche aus allen Nähten und der kleine Ort wird zum kulturellen Zentrum der Insel.

Auch sehr beliebt und weit über die Grenzen Usedoms hinaus bekannt ist der Benzer Kirchensommer mit Musik, Theater und Lesungen. Und wenn im Anschluss noch etwas Zeit bleibt, verweilt man gern auf ein Gespräch unter den alten Kastanien an der Kirche von Benz.

Gleich neben der Kirche lädt der Kaffeegarten Alte Feuerwehr zu ausgezeichnetem Kuchen ein.

**KUNST-KABINETT USEDOM /// KIRCHSTRASSE 14A /// 17429 BENZ ///
03 83 79 / 2 01 84 /// WWW.KUNSTKABINETT.DE ///**

UNTER DEM ROHRDACH LEBT FEININGER WEITER

Kunst-Kabinett in Benz

64

Etwas zurückgelegen neben der Benzer Kirche steht eine alte Rohrdachscheune, in der eine wunderbare kleine Privatgalerie untergebracht ist. Hannes Albers widmet sein Kunstkabinett seiner großen Leidenschaft für das Leben und die Bilder Lyonel Feiningers. Wie ich an anderer Stelle in diesem Buch schon erwähnte, verbrachte der amerikanische Maler die Sommer der Jahre 1908 bis 1913 auf Usedom. Er reiste mit der Bahn von Berlin aus an, die damals noch über die Karniner Brücke bis nach Heringsdorf fuhr. Auf der Insel bewegte er sich mit dem Fahrrad von Malort zu Malort und fertigte Skizzen an, die ihm später als Vorlagen für seine Werke dienten.

Was Hannes Albers über die letzten Jahrzehnte in Benz zusammengetragen hat, ist bemerkenswert. Schon wenn man die Galerie betritt, fällt der Blick unweigerlich auf ein altes Fahrrad der Marke Cleveland Ohio. Ein Original mit Holzfelgen aus dem Jahr 1897. Mit so einem Modell hat Feininger einst die Insel entdeckt. An den Wänden der Galerie hängen Zeichnungen, Aquarelle und Holzschnitte des Malers. Aber auch Fotografien seines Sohnes T. Lux und Arbeiten seiner Frau Julia finden sich hier. Besonders beeindruckend sind ein Brief, den er nach seiner Rückkehr nach Amerika geschrieben hat, und zwei Bilder der Benzer Kirche im Jahr 1912, von denen eines erst kurz vor seinem Tod in New York entstand.

Hannes Albers hat es geschafft, mit seiner Ausstellung die Verbindung zwischen dem Menschen Lyonel Feininger, seinem Werk und der Insel Usedom für jeden erlebbar zu machen. Bilder reihen sich hier ein in die Biografie des Künstlers, Briefe geben Einblicke in sein Innenleben und die Vielzahl an Skizzen lässt eine besondere Liebe zur Insel Usedom erahnen. Schauen Sie sich das unbedingt an!

Machen Sie nach dem Besuch des Kunst-Kabinetts einen Spaziergang in Richtung Stoben und genießen Sie die ländliche Idylle hier.

GALERIE WITTIG-WEISSENSEE /// AM NEPPERMINER SEE 2 ///
17429 NEPPERMIN /// 03 83 79 / 29 02 10 /// UTEWITTIG.DE ///

USEDOM IN ALTEN UND NEUEN BILDERN

Galerie Wittig-Weißensee in Neppermin

65

Es ist einer dieser Herbsttage, an denen das Sonnenlicht golden durch die letzten Blätter der alten Buchen fällt. Ich sitze mit Ute Wittig-Weißensee und ihrem Mann Dirk Plümer vor dem Kunstpavillon in Heringsdorf. Sie haben Kuchen und Tee mitgebracht und Bilder für die Kunstauktion, die in einigen Tagen hier stattfinden wird. Die Handschrift der Werke ist klar erkennbar. Motive in Öl, mit breitem Flachpinsel gemalt, oft in kräftigen Farben, reduziert auf das wirklich Wesentliche, auf den Moment und das Gefühl. Ute Wittig-Weißensee ist Malerin und wie ihr Name verrät, stammt sie aus Berlin-Weißensee. Seit 2011 lebt sie gemeinsam mit ihrem Mann in einem Haus in Neppermin, direkt am Nepperminer See, einem Teil des Achterwassers. Dort hat sie ihr Atelier und eine kleine, feine Privatgalerie, die zwischen April und September einige Monate geöffnet hat. In ihren Themenausstellungen kombiniert sie die eigenen Arbeiten mit Werken der klassischen Moderne. So lassen sich hier Bilder von Karen Schacht, Otto Manigk, Otto Niemeyer-Holstein, Elisabeth Büchsel und auch Lyonel Feininger finden. Allesamt geprägt von der Natur und dem Leben der Menschen an der Küste Pommerns. Die Eröffnung ihrer Ausstellungen locken Künstler und Kunstinteressierte gleichermaßen nach Neppermin und es lässt sich nicht leugnen, dass im Gesicht der Gastgeberin eine gewisse Portion Stolz zu sehen ist. Zu Recht, denn was Ute Wittig-Weißensee und Dirk Plümer hier zeigen, ist ein wertvolles Stück Kunstgeschichte dieser Insel. Und wer nach dem Betrachten die Eindrücke noch nachklingen lassen will, findet auf der Terrasse mit Blick auf das Achterwasser den idealen Platz und ganz bestimmt auch einen passenden Gesprächspartner.

☞ Gleich in der Nähe der Galerie lädt der Nepperminer Fischpalast zum Essen ein. Das Angebot ist groß, die Speisen lecker und der Blick auch hier einen Besuch wert.

**KUNSTHAUS USEDOM /// AN DER LANDSTRASSE 1 ///
17429 NEPPERMIN /// 03 83 79 / 28 98 61 ///
WWW.KUNSTHAUS-USEDOM.DE ///**

WO KUNST AUF GASTLICHKEIT TRIFFT

KunstHaus Usedom in Neppermin

66

Das rote Haus an der Bundesstraße in der Nähe von Neppermin ist wohl den meisten Usedom-Besuchern schon ins Auge gefallen. Es ist nicht nur ein hervorragender Rastplatz für Radwanderer, sondern auch ein liebevoll geführtes Refugium für alle, die an Kunst und Natürlichkeit interessiert sind. Karola Glaser führt das KunstHaus Usedom, das an 365 Tagen im Jahr geöffnet hat und dessen Klingel auch in der Nacht niemanden draußen stehen lässt.

Schon beim Betreten des Grundstücks beginnt man zu staunen, denn eine beeindruckende Freiluftbibliothek in Form eines Bücherwaldes aus gewaltigen Baumstämmen, die durch ein Reetdach geschützt sind, zieht alle Blicke auf sich. 14 Stamm-Enden einer Usedomer Pappel, die durch Blitzschlag beschädigt wurde, bieten heute Platz für 1.500 Bücher. Das Kunstwerk reicht ganze 20 Meter weit und wird des Nachts durch Lichtstrahler in Szene gesetzt. Wer den Blick von der Buchbaumkathedrale wenden kann, entdeckt im Garten des KunstHauses überall in Stein gehauene Skulpturen und viel Platz zum Relaxen. Denn es ist Karola Glaser wichtig, dass ihre Gäste entspannt sind und sich wohlfühlen. Genau deshalb sind ihre Strandkörbe drehbar, der Blick über Neppermin und das Achterwasser unverbaut und die Gerichte in ihrem Art-Bistro frisch und preiswert. Vieles stammt sogar aus ihrem eigenen Garten. Jeden Tag wird frisch gekocht und sonntags lädt sie zum Brunch, zu dem verschiedene Pianisten spielen.

Im roten Haus selbst finden sich Ausstellungsräume, eine Bibliothek und Gasträume, die auch für private Feiern gebucht werden können. Auf dem Programmplan des KunstHauses stehen Ausstellungen, Theater, Lesungen, Kleinkunstvorführungen, Workshops und noch vieles mehr. Auch Skatturniere werden hier veranstaltet.

Usedoms Botanischer Garten liegt nur einige Kilometer vom KunstHaus entfernt an der Mellenthiner Kreuzung.

SEGELSCHIFF WEISSE DÜNE /// ZUM SEESTEG /// 17429 NEPPERMIN ///
BUCHUNG: 01 74 / 9 43 69 62 ODER 01 73 / 1 94 81 67 ///
INFO@WEISSE-DUENE.COM /// WWW.WEISSE-DUENE.COM ///

ROMANTIK PUR AUF 100 JAHRE ALTEN PLANKEN

Segelschiff Weisse Düne in Neppermin

67

Es ist, als wäre dieses Schiff nur für das Achterwasser gebaut. So leicht und unbeschwert gleitet es über die kurzen Wellen und ist dabei eine Augenweide. Die weißen Segel sind weithin sichtbar und bilden einen wunderbaren Kontrast zum Blau von Himmel und Wasser. Die Weisse Düne ist ein über 100 Jahre altes Plattbodensegelschiff, das auf eine bewegte Geschichte zurückblickt. Die erzählt Ihnen Kapitänin Jane Bothe gern selbst, wenn Sie zu einem Tages- oder Abendtörn an Bord kommen und ein unvergessliches Erlebnis auf Sie wartet.

45 Meter ist die Weisse Düne lang. Ihr höchster Mast misst 29 Meter. Inklusive Besatzung finden 53 Leute Platz. Langsam verlässt sie die Anlegestelle in Neppermin und fährt hinaus aufs Achterwasser, das erst jetzt seine wirklichen Ausmaße erkennen lässt. Zeit, die Segel zu setzen. Packen Sie mit an, wenn Sie mögen! Oder suchen Sie sich einen gemütlichen Platz an Deck und genießen Sie diesen atemberaubenden Ausblick auf die Binnenküste Usedoms und das Festland. Unter vollen Segeln entfernt sich der Zweimaster von den Vogelschutzinseln Böhmke und Werder. Der Wind ist der ständige Begleiter. Und spätestens wenn die Sonne untergeht und das Achterwasser in ein besonderes Licht taucht, kommt Romantik an Bord der Weissen Düne auf und der Blick verliert sich irgendwo am Horizont.

Im Bauch des Schiffes wartet eine gut ausgestattete Bar auf die Gäste und verblüffend viel Platz. Bis zu 40 Leute können es sich hier bequem machen, wenn das Wetter an Deck zu widrig wird. Das Interieur ist maritim-exklusiv. In der Kombüse werden Räucherfisch, Wurst und Käse angerichtet und mit frischem Brot serviert. Für Mehrtagestörns finden sich hier außerdem sechs Kajüten mit 20 Kojen. Der schönste Platz aber ist dort, wo einem Wind und die Gischt ins Gesicht weht.

Außer von Neppermin können Sie auch von Karlshagen oder Wolgast aus einen Törn mit der Weissen Düne machen.

INSELKANU /// ANDRE ALBRECHT /// BADESTELLE NEPPERMIN ///
17429 NEPPERMIN /// 03 83 79 / 2 27 11 /// WWW.INSELKANU.DE ///

UND PLÖTZLICH STEHEN KÜHE IM WASSER

Inselkanu – Kanufahrten auf dem Achterwasser in Neppermin

68

Andre Albrecht weiß, wie es ist, mit dem Boot über das Achterwasser zu fahren und tief einzutauchen in die herrliche Natur hier. An der Badestelle in Neppermin und auf Wunsch auch anderswo auf Usedom lässt er seine Kanus ins Wasser. Sie können stundenweise oder als geführte Touren gemietet werden und versprechen ein tolles Naturerlebnis aus ungewohnter Perspektive. Dabei gleitet es sich richtig gut auf dem Nepperminer See. Als Ausbuchtung des Achterwassers liegt er recht geschützt und bietet ideale Bedingungen für Kanu-Anfänger.

Die Einweisung geht flink und wer sich für eine geführte Tour entscheidet, wird kein sehenswertes Fleckchen zwischen Neppermin und der Halbinsel Cosim verpassen. Ganz besonders nicht auf den beiden Vogelschutzinseln Böhmke und Werder, die mitten im Nepperminer See liegen und beliebte Brutstätte für die unterschiedlichsten Küstenvögel sind. Lachmöwen, Flussseeschwalben, Brand- und Graugänse, Stock- und Schnatterenten, Höckerschwäne, Haubentaucher, Bartmeisen, Drossel- und Teichrohrsänger und mit einer anständigen Portion Glück sogar Austernfischer und Schwarzkopfmöwen. Außerdem weiden auf der größeren Insel Werder das ganze Jahr über Gotlandschafe und die sind in der Idylle richtig schön anzusehen.

Doch auch an den Ufern der Insel Usedom gibt es einiges zu entdecken. Die Tier- und Pflanzenwelt hier ist beeindruckend schön und wird von den vorbeigleitenden Kanus kaum gestört. Und während man im gekonnten Rhythmus die Ufer entlangzieht, ist es gut möglich, dass da plötzlich Kühe im Wasser stehen. Denn die Kuhweiden nordwestlich von Neppermin grenzen ans Achterwasser und welche Kuh hat nicht auch mal Lust auf ein kühles Bad mit herrlichstem Ausblick!

Verbinden Sie eine Radtour nach Neppermin mit dem Kanufahren und stärken Sie sich anschließend im Fischpalast.

WASSERWANDERRASTPLATZ BALM /// AM BALMER SEE /// 17429 BALM ///

MIT INSELBLICK AUF DEM WASSER SITZEN

Wasserwanderrastplatz in Balm

69

Früher reichte ein wackeliger alter Steg hier ein paar Meter in den Balmer See hinein und bot neben einem herrlichen Ausblick auch immer einen Hauch Abenteuer. Denn der Weg über die Bretter ließ mitunter eine Menge Adrenalin in den Bauch schießen. Doch es lohnte sich jedes Mal.

Der Balmer See ist wie der Nepperminer See eine Ausbuchtung des Achterwassers, an dessen Ufer der kleine Ort Balm liegt. Heute gibt es hier einen modernen Seesteg oder Wasserwanderrastplatz, wie es neudeutsch heißt. 75 Meter reicht er in den See hinein, bietet Liegeplätze für Boote, sanitäre Anlagen und einige Bänke. Der Ausblick ist geblieben, genau wie die Stille. Wer hier anlegt oder Rast macht, findet Ruhe und ganz viel Natur. Denn der Balmer See mit den vorgelagerten Vogelschutzinseln Werder und Böhmke ist eine Augenweide. Die beiden flachen Inseln sind Brutplätze für unzählige Vogelarten. Lachmöwen kreisen über ihnen und auch Flussseeschwalben. Verschiedene Entenarten haben hier ein Zuhause gefunden. Andererseits fällt der Blick auf die Küste der Halbinsel Cosim, die mit ihren Feuchtwiesen, Bruchwäldern und weiten Flachwasserbereichen ebenfalls unter Naturschutz steht. Auch sie ist ein ideales Brut- und Rastgebiet für Küstenvögel.

Ganz besonders beeindruckend ist der Balmer See im Winter, wenn das Wasser gefroren ist und sich spiegelglatt um die Inseln legt. Wenn dann am Morgen die Sonne über Neppermin aufgeht, taucht sie alles in goldenes Licht. Wasservögel stehen auf der Eisfläche und ab und an schwingen seltsame Geräusche über das Eis, bis ein riesiger Rist sich mit lautem Knacken über die Fläche zieht. Wer das Glück hat, in einem solchen Moment auf dem Steg in Balm zu stehen, wird dieses Naturschauspiel so schnell nicht wieder vergessen.

Wer sich nach dem tollen Ausblick etwas Gutes gönnen möchte, sollte die Alte Schule in Balm besuchen und die hervorragende italienische Küche genießen.

GOLFCLUB BALMER SEE – INSEL USEDOM E.V. /// DREWINSCHER WEG 1 /// 17429 BALM /// WWW.GOLFHOTEL-USEDOM.DE ///

GENIESSERECKE IM ACHTERLAND

Golfplatz Balmer See

70

Man muss kein Golfspieler sein, um den Golfplatz Balmer See zu lieben. Ich zumindest hatte noch nie einen Golfschläger in der Hand und dennoch zieht es mich immer wieder an diesen schönen Ort. Denn zwischen dem Auf und Ab der Bahnen gibt es Stellen mit atemberaubend schönen Ausblicken auf die Insel, den Nepperminer See mit seinen Inseln Böhmke und Werder, das Achterwasser und die Halbinsel Cosim. Allerdings sollte man nie vergessen, dass man sich auf einem Golfplatz befindet und mitunter kleine weiße und ziemlich harte Bälle den eigenen Weg kreuzen können. Aus genau diesem Grund bevorzuge ich die frühen Morgen- oder späten Abendstunden. Dann ist die Zahl der Golfer überschaubarer als die Zahl der Rehe, Hasen und Wildschweine, die diesen Ort hier genauso lieben. Ganze Rotten an Schwarzkitteln überqueren die nahe gelegenen Wiesen, man sieht Hasen Haken schlagen und Rehe gemütlich am Waldrand grasen. Und am Himmel malt ein Seeadler seine Silhouette majestätisch in die blaue Stunde, bis er auf einem der abgestorbenen Bäume in den Bruchwäldern der Halbinsel Cosim Platz nimmt. Weiteratmen!

Wer den Golfern nicht in die Quere kommen möchte, um einen schönen Ausblick zu genießen, der sollte das Panorama-Restaurant im Golfhotel Balmer See besuchen. Es hat ganztägig geöffnet. Neben einem gigantischen Ausblick auf den Balmer und den Nepperminer See gibt es hier auch eine sehr gute Küche. Die Speisekarte wechselt zwischen abwechslungsreichen Mittagsgerichten und abendlichen Menüs der gehobenen Hotelküche. Ach, und im Asia Pavillon, einer der beiden Wellnesswelten des Golfhotels, kann man den Blick sogar während der Massage über den Balmer See schweifen lassen und nickend zustimmen, dass dieser Ort seinen Namen ganz zu Recht trägt.

Stärken Sie sich nach Ihrem Ausflug im Balmer Steakhus im Ambiente eines kanadischen Blockhauses. Ist lecker da!

GUTSHOF INSEL USEDOM /// DORFSTRASSE 24 /// 17429 MELLENTHIN ///
03 83 79 / 2 07 00 /// WWW.GUTSHOF-USEDOM.DE ///

BIOWAFFELN IM ALTEN GERÄTEHAUS

Gutshof Insel Usedom in Mellenthin

71

Es sitzt sich gut unter dem großen roten Schirm, der diesen Sommertag erträglich macht. Es riecht nach Lavendel, nach Kaffee und frischen Waffeln. Die Front des alten Gutshofs erinnert noch immer an die Zeit als Gerätehaus des nur einige Meter entfernten Mellenthiner Wasserschlosses. Um 1600 wurde er erbaut, erfahre ich von Cornelia Korts, die sich 1998 in die damals heruntergekommene Immobilie verliebte und hier ein ganz besonderes Haus eröffnete.

Der Gutshof Insel Usedom ist das erste BIO-zertifizierte Hotel der Insel und bio steckt hier in jedem Detail. Es wurde mit Naturbaustoffen saniert und hat wohl so manchem Handwerker Sorgenfalten auf die Stirn geschrieben. Selbst das Storchennest verbannte man vorübergehend vom Dach und bot eine Alternative auf einem nahe stehenden Mast im Garten. Den Störchen war es recht, denn nach einem Jahr war der Spuk vorbei und das alte Zuhause stand wieder zur Verfügung.

Was den Gutshof so besonders macht, ist seine Ganzheitlichkeit. Hier steht »bio« nicht nur auf den Verpackungen der verwendeten Produkte, hier wird bio auch gelebt. Salate, Gemüse, ja selbst der Spargel stammen aus dem eigenen Bauerngarten, der nach Vorbild der alten Klostergärten angelegt wurde. Auch das Korn wird eigens für den Gutshof angebaut und in der hauseigenen Mühle gemahlen. Vegetarisch, vegan, laktose- und glutenfrei ist hier gar kein Problem. Die Küche ist gesund und vollwertig. Ein weiteres Highlight sind die 40 verschiedenen Waffelsorten, die im Gastraum und auf der Terrasse serviert werden. Probieren Sie unbedingt eine der Frischkornwaffeln und schauen Sie Cornelia Korts bei der Zubereitung über die Schulter. Das Korn wird eigens für Ihre Waffel gemahlen und verarbeitet. Frischer geht es nicht.

Statten Sie auch dem Mellenthiner Wasserschloss einen Besuch ab, das auf einer künstlich angelegten Insel umgeben von einem Wassergraben steht.

TÖPFEREI ASTRID DANNEGGER /// ASTRID DANNEGGER ///
TÖPFERSTRASSE 8 /// 17406 MORGENITZ /// 03 83 72 / 7 09 10 ///
WWW.ASTRIDDANNEGGER.DE ///

SCHÖNHEITEN AUS DEM MÖRDERHUS

Töpferei Astrid Dannegger in Morgenitz

72

Dieses Haus kennen Millionen Menschen, auch wenn es wahrscheinlich nur ein Bruchteil von ihnen jemals wirklich besucht hat. Das Fernsehen macht's möglich. Denn dieses Haus ist das Mörderhus aus den Usedom-Krimis, in denen Ex-Richterin Karin Lossow (gespielt von Katrin Sass) lebt und im Affekt einst ihren Mann erschoss.

Das lang gestreckte Reetdachhaus ist eine Augenweide und schon über 250 Jahre alt. Der mohnrote Anstrich bildet einen herrlichen Kontrast zum Grün des romantischen Hofgartens. Überall stehen Figuren und Skulpturen aus Terrakotta. Auch ein großer, selbst gemauerter Holzbrandofen findet sich hier. Was nicht wirklich verwunderlich ist, denn das Mörderhus ist in Wahrheit eine der schönsten Keramikwerkstätten Usedoms. Seit 1989 lebt die Brandenburgerin Astrid Dannegger hier. Unter ihren Händen entstehen neben Steingutgeschirr in Kleinserien, wunderschönen Einzelstücken und tollen Kindertassen auch die berühmten Fischteller, Plastiken für Kunstliebhaber und Terrakottafiguren. In den Verkaufsräumen kann man sich nicht sattsehen an den Werken der Künstlerin, die einst in Berlin-Weißensee Keramik studierte. Wer die Töpferei besuchen möchte, sollte jedoch zuvor einen Blick auf die Homepage werfen, denn sie ist nur an drei Tagen in der Woche für jeweils eine Stunde geöffnet.

Einmal im Jahr, am letzten Juli-Wochenende, verwandeln sich Haus, Garten und die kopfsteingepflasterte Straße in einen beliebten Töpfermarkt. Töpfer aus ganz Deutschland bieten an diesen Tagen hier ihre Waren feil. Teller, Schüsseln, Krüge, Tassen, Keramiken und Kunstwerke, so weit das Auge reicht. Besonders beliebt sind übrigens Schmalztöpfe. Und neben den gebrannten Schönheiten gibt es fast immer Sonnenschein und natürlich Kaffee und Kuchen.

Wer in Morgenitz gut essen möchte, sollte der Bauernstube einen Besuch abstatten. René Bobzin bereitet hier vorzügliche Fischgerichte zu.

ZUR ALTEN FISCHRÄUCHEREI /// IM HAFEN 1 /// 17406 RANKWITZ /// 03 83 72 / 7 05 21 /// WWW.HAFEN-RANKWITZ.DE ///

SO GEHT FISCH HEUTE

Alte Fischräucherei in Rankwitz

73

Wer von der Insel fährt, macht gern noch einen kurzen Abstecher in den Lieper Winkel. Nicht um die wunderbare Natur zu genießen, sondern um sich in der Alten Fischräucherei in Rankwitz mit frischem oder frisch geräuchertem Fisch für zu Hause einzudecken. Das ist Tradition, ein Ritual sozusagen, oder der Punkt hinter einem wunderbaren Usedom-Urlaub. Und es lohnt sich. Denn die kleine Fischräucherei hat sich in den letzten Jahren zu einem wahren Besuchermagneten gemausert. Verwunderlich ist das nicht, liegt sie doch direkt im Seglerhafen des Ortes und bietet neben dem Fischladen auch ein Restaurant mit großer Terrasse und herrlichem Blick aufs Wasser. Serviert werden hier in erster Linie Fischgerichte aus eigener Herstellung. Dorsch im Bierteig zum Beispiel oder Lachsforelle in fruchtiger Currysauce. Auch Spezialitäten wie Fischbouletten oder Fischsalate stehen auf der Speisekarte. Die Portionen sind groß und das Team herzlich.

Wer einmal in Rankwitz war, kehrt immer wieder hierher zurück. Die Tradition der Fischräucherei hat hier den Sprung in das 21. Jahrhundert geschafft. Gastraum und Wintergarten wurden in modern-maritimem Ambiente eingerichtet. An kalten Tagen lodert ein Feuer im Kamin. Neben Vorbestellungen zur Abholung werden ausgewählte Spezialitäten zwischen Oktober und April auch direkt zu den Kunden nach Hause geschickt. Und das Beste ist, die Alte Fischräucherei in Rankwitz hat bis auf den Heiligen Abend täglich geöffnet.

Eines sei Ihnen noch empfohlen, wenn Sie einen Abstecher nach Rankwitz machen und im Restaurant essen wollen: Reservieren Sie! Denn es kommt trotz des Platzes immer wieder vor, dass kein Tisch mehr frei ist. Wäre doch schade, wenn Sie den Weg umsonst gemacht hätten.

Auf dem Weg nach Rankwitz, gleich hinter Krienke, kommen Sie durch eine der schönsten Kastanienalleen der Insel.

EVANGELISCHE KIRCHE ST. JOHANNES /// TRIFTSTRASSE 5 /// 17406 LIEPE ///

AUS DER ZEIT GEFALLEN

St.-Johannes-Kirche in Liepe

74

Ich finde ja, sie ist eine Augenweide. So unvollkommen und deshalb so schön wie nur wenige Kirchen überhaupt. Ein Wirrwarr aus Feld- und Backsteinen unter einem nagelneuen Dach und umgeben von herrlicher Natur. Schon der Weg von der Kirchenpforte unter den Linden hindurch ist ein Traum. Besonders wenn die alten Bäume in voller Blüte stehen. In meiner Erinnerung hat sich der Anblick der St.-Johannes-Kirche in Liepe mit diesem Duft verbunden.

Es heißt, sie ist die älteste Kirche auf Usedom. So ganz richtig ist das nicht, denn ihr Vorgängerbau hätte wohl diesen Titel verdient. Er wurde 1216 erstmals urkundlich erwähnt. Die heutige Kirche stammt aus dem 15. Jahrhundert und hat auch schon eine bewegte Vergangenheit hinter sich. Nach einem Gottesdienst im Jahre 1792 nämlich stürzte das Dach ein. Es dauerte damals einige Zeit, bis ein neues fertiggestellt war.

Wer die Kirche in Liepe das erste Mal besucht, ist verwundert, dass sie keinen Turm hat. Hatte sie auch nie, und damit ist sie nicht allein unter den Usedomer Kirchen. Der Glockenstuhl steht gleich neben dem Gotteshaus und schwingt nagelneue Glocken aus dem Jahr 2016. Die alten sind wenige Meter weiter zu bewundern. Einmalig auf Usedom ist jedoch der Kanzelaltar in der Kirche. Der Blick fällt unweigerlich darauf, denn so etwas sieht man selten. Der Innenraum ist in drei Schiffe unterteilt, die durch Holzpfeiler gegliedert sind. Alte Wandmalereien zeigen die Kreuzigung, Grablegung und Auferstehung Christi. Um die Kirche herum finden sich große Skulpturen regionaler Künstler. Und wer jetzt noch nicht verzaubert ist von diesem Ort, sollte einen Blick auf das alte, efeubewachsene Fachwerkhaus gleich neben dem Glockenstuhl werfen, das wie die Kirche selbst aus der Zeit gefallen scheint.

Fahren Sie von Liepe aus weiter nach Warthe und bewundern das bekannte blaue Haus mit dem wilden Vorgarten.

SUCKOWER EICHE /// DORFSTRASSE ///
ORTSAUSGANG RICHTUNG KRIENKE /// 17406 SUCKOW ///

DIE STÄRKSTE DAME IM LIEPER WINKEL

Suckower Eiche

75

Was für ein Baum! Stattliche sechseinhalb Meter misst sein Stamm, über 20 Meter ist er hoch. Seine Krone breitet sich über 30 Meter aus und lässt vermuten, dass er schon sehr lange Zeit hier allein steht und Platz hatte, sich zu entfalten. Ich habe noch kein Bild, keine Postkarte gesehen, die die Mächtigkeit der Suckower Eiche auch nur annähernd vermitteln kann. Es ist beeindruckend, sie vor sich zu sehen und sich bewusst zu machen, dass sie seit weit über 700 Jahren hier steht. Wie viel ist in dieser Zeit passiert? Wie viele Stürme und Gewitter sind über sie hinweggezogen? Wie viele Menschen haben in ihrem Schatten Rast gemacht?

Schon 1298 findet sie Erwähnung in einer Urkunde von Bogislaw IV. von Pommern-Stettin zum Grenzverlauf der Gemarkung Usedom. Damals dienten Eichen oft als Grenzmarkierungen für Ländereien. Sie muss schon zu dieser Zeit ein stattlicher Baum gewesen sein. Hier am Ortsausgang von Suckow im schönen Lieper Winkel an der Straße nach Krienke steht sie auf einem Hügel, der einst ein Grabhügel war. Da in ihrem Schatten noch heute größere Steine liegen, vermutet man ein Megalithgrab. Seit 1936 ist die Eiche ein Naturdenkmal.

Doch wie an allem nagt auch an ihr der Zahn der Zeit. Es war, als würde ein Schmerz die ganze Insel durchfahren, als am 2. Juli 1997 einer ihrer Hauptäste brach und zu Boden krachte. Seitdem ist es nicht mehr gestattet, sich ihr auf weniger als zehn Meter zu nähern. Ihr Holz ist brüchig geworden und die Last ihres Blätterdachs macht ihr zunehmend zu schaffen. Erst 2014 brach ein zweiter Hauptast. Doch von dem Rastplatz nur wenige Meter entfernt, bietet sich ein schöner Blick auf die Suckower Eiche. Und den gilt es zu genießen, denn wer weiß, wie lange sie hier noch steht.

Im nahe gelegenen Morgenitz gibt es eine Kirche mit einer Gruft und einem Prunksarg unter dem Altar.

MARKT USEDOM /// MARKT /// 17406 USEDOM ///

BAUEN WIR DIE KIRCHE AUF DEN MARKTPLATZ!

Marktplatz der Stadt Usedom

76

Der Weg über das Kopfsteinpflaster vorbei an liebevoll sanierten Bürgerhäusern macht die lebendigen Seebäder an Usedoms Außenküsten schnell vergessen. Nichts erinnert hier an Urlauberscharen und Veranstaltungsrummel. Wer durch die Stadt Usedom spaziert, findet Ruhe und Beschaulichkeit. Fast verschlafen wirkt der Ort, dessen Stadtrecht noch aus dem Mittelalter stammt. Mit seinen knapp 1.900 Einwohnern würde es ihm heute gar nicht mehr verliehen werden. Und ob die Insel nun ihren Namen von der Stadt oder die Stadt ihren von der Insel hat, weiß man auch nicht so genau.

Der alte Stadtkern von Usedom hat einen wunderbaren Marktplatz. Er misst etwa 100 mal 100 Meter und ist umrahmt von herrlichen alten Häusern. Mitten auf dem Platz stehen die Kirche und das Rathaus. Die imposante Marienkirche ist weithin sichtbar und die einzige verbliebene von ehemals fünf Kirchen. Sie wurde 1475 während eines Stadtbrandes zerstört und kurz darauf im spätgotischen Stil wiederaufgebaut. Ihr heutiges Aussehen bekam sie während eines Umbaus Ende des 19. Jahrhunderts. Sie steht für Besucher offen und wird auch als Veranstaltungsort für Konzerte genutzt. Das Rathaus von Usedom wurde um 1800 erbaut und steht heute unter Denkmalschutz. Zuvor befand sich vermutlich ein älteres Amtsgebäude an gleicher Stelle.

Ansonsten finden sich am Markt in der Stadt Usedom ein Blumenladen, ein Uhrengeschäft, eine Apotheke, ein Bäcker, eine Bank und natürlich ein Hotel. Der Norddeutsche Hof ist ein traditionsreiches Haus mit guter Hausmannsküche. Eine wahre Perle unter den Geschäften hier ist aber De Spinndönz, eine liebevolle Mischung aus Strickwarenladen und Spinnwerkstatt. In Letzterer wird Wolle nach altem Brauchtum verarbeitet und dabei so manch interessante Geschichte erzählt.

Vom Marktplatz aus gelangen Sie in wenigen Gehminuten zum Hafen von Usedom.

SCHLOSS STOLPE /// AM SCHLOSS 9 /// 17406 STOLPE AUF USEDOM ///
03 83 72 / 7 18 75 /// WWW.SCHLOSS-STOLPE.DE ///

VOM HERRENHAUS ZUM INSELSCHLOSS

Schloss Stolpe

77

Ein paar Kilometer östlich der Stadt Usedom, direkt am Stettiner Haff, liegt das kleine Dorf Stolpe. Ländliche Idylle breitet sich links und rechts der alten Dorfstraße aus, über deren Kopfsteinpflaster schon seit Jahrhunderten Menschen hierherkommen. Einfamilienhäuser umrahmt von viel Grün und am anderen Ende einer großen Wiese ein kleines Schloss. Eines, das mal ein Herrenhaus war und das später zu einem Schloss umgebaut wurde. Dass es heute so prachtvoll erstrahlt, ist der Gemeinde Stolpe und den Menschen zu verdanken, die sich im September 2001 zusammenschlossen, einen Förderverein gründeten und die Sanierung des fast verfallenen Anwesens in die Hände nahmen.

Es war zum Ende der DDR-Zeit nicht viel übrig geblieben von dem einst so stattlichen Bau, hatte er doch lange als Landmaschinen-Station und Ferienlager fungieren müssen. Mit der Wende kam die Nutzlosigkeit. Das Schloss stand leer, Feuchtigkeit drohte ihm den Rest zu geben. Nachdem das Anwesen 1996 wieder in Besitz der Gemeinde gelangte, wurde mit der Sanierung begonnen. Die dauerte in mehreren Bauabschnitten bis 2015.

Stolpe ist durch sein Schloss in aller Munde. Denn das Anwesen ist nicht nur eine Schönheit, sondern auch Veranstaltungsort für wunderbare Konzerte, Kabarett und Theater. Zudem gibt es wechselnde Ausstellungen hier zu sehen. Während des Usedomer Musikfestivals gehört der große Saal zu den beliebtesten Spielorten. Schauspieler Till Demtröder wählt die Wiese vor dem Schloss alljährlich als Ausgangspunkt für sein Charity-Event *Usedom Cross Country*, einer unblutigen Schleppjagd durch das Achterland zugunsten der Welthungerhilfe. Und wer den schönsten Tag in seinem Leben hier verbringen möchte, kann seinem Lieblingsmenschen im Schloss auch das Jawort geben.

Gegenüber des Schlosses gibt es eine kleine Bäckerei mit ausgesprochen gutem Backwerk.

REMISE STOLPE /// ALTE DORFSTRASSE 7 ///
17406 STOLPE AUF USEDOM /// 03 83 72 / 77 80 80 ///
WWW.REMISE-STOLPE.DE ///

DAS ACHTERLAND SCHMECKEN

Restaurant Remise in Stolpe

78

Schon mal Pommerntapas probiert? Noch nie davon gehört? Dann sollten Sie das unbedingt für Ihren nächsten Usedom-Besuch einplanen. Denn die sind ein Genuss! Ein pommerscher Genuss, und natürlich mit Fisch. Aber nicht nur, denn neben Matjes, Forelle und Lachs stehen auch Backtüften, Käse und Blutwurst auf der Speisekarte. In Vorspeisengröße, versteht sich. Und wie auf der Iberischen Halbinsel sollte man auch hier dem Genuss der Tapas nicht allzu freien Lauf lassen, sonst ist man satt, bevor der Hauptgang kommt.

Die Pommerntapas sind nicht die einzige Besonderheit in der schönen Remise in Stolpe. Das beliebte Restaurant serviert seinen Gästen auch den Remisespieß, der direkt am Tisch flambiert wird. Auch das Ambiente ist toll und zeichnet sich durch viel Platz und eine gelungene Mischung aus modernem Interieur und historischen Elementen aus. Das Gebäude war einst der Unterstand für die Kutschen und Pferde des Schlosses Stolpe, das sich vis-à-vis befindet und den Blick aus den Fenstern oder von der Terrasse zum Highlight macht. 2012 wurde das Haus liebevoll saniert. 2013 eröffnete das Restaurant und ist seitdem von der kulinarischen Landkarte der Insel nicht mehr wegzudenken.

Das liegt nicht nur an der ausgezeichneten Küche, die auf regionale und saisonale Gerichte setzt, und an dem schönen Blick, sondern auch an der Herzlichkeit, mit der Inhaber Lars Lindemann und sein Team den Gästen begegnen. Es macht einfach Spaß, hier zu sein, die Ruhe des Achterlandes zu genießen und sich mit guten Speisen verwöhnen zu lassen. Und ab und an werden die Menüs auch in Veranstaltungen eingebunden und Konzerte, Magic-Dinner, Feste auf der Wiese vor dem Schloss und Discos bringen Leben in die Dorfidylle.

Vom Schloss aus führt eine Straße bis zum kleinen Naturhafen am Stettiner Haff.

FLUGHAFEN HERINGSDORF /// AM FLUGHAFEN 1 /// 17419 ZIRCHOW ///
03 83 76 / 25 00 /// WWW.FLUGHAFEN-HERINGSDORF.DE ///

EIN JAHRHUNDERT FLUGGESCHICHTE

Flughafen Heringsdorf in Zirchow

79

Wussten Sie eigentlich, dass Usedom einen Flughafen hat? Und zwar einen ziemlich alten? Um genau zu sein, gehört der Flughafen Heringsdorf bei Zirchow zu den ältesten deutschen Flugzielorten. Er ist über 100 Jahre alt und blickt auf eine interessante Geschichte zurück: Anfang des 19. Jahrhunderts befand sich hier ein Exerzierplatz der Garnison Swinemünde. Die ehemals deutsche Hafenstadt liegt nur einen Katzensprung vom Flughafen entfernt und heute doch in einem anderen Land. Aber das ist eine andere Geschichte. 1911 wurde der Platz erstmals durch das kaiserliche Heer angeflogen. Ab 1919 existierte der Landflugplatz Swinemünde offiziell. Die Wehrmacht funktionierte den Flughafen Ende der 1930er-Jahre zum Fliegerhorst um und gab ihm den Namen Garz, nach dem kleinen Dorf am Ende der Startbahn. Zur Aufgabe gehörte der Aufbau einer Küstenjagd- und einer Kunstflugstaffel. Nach dem Krieg stationierten die sowjetischen Streitkräfte hier Jagdflieger und Panzertruppen. Später wurde der Flughafen zum Ausweichflugplatz der DDR-Luftwaffe. Nach und nach baute man ihn zur zivilen Nutzung durch die DDR-Fluglinie Interflug aus. 1973 entstand das Abfertigungsgebäude und man flog von Berlin, Dresden, Leipzig und Erfurt direkt auf die Insel. Nur sechs Jahre später wurden die Verbindungen wieder eingestellt. Während dieser Zeit existierte der militärische Teil des Flughafens weiter. Sein Ende kam kurz nach dem Mauerfall. Die ehemaligen Kasernen sind saniert worden und stehen heute sozialen Einrichtungen zur Verfügung. Der Flughafen selbst wurde 1993–1996 grundsaniert. Im Jahr 2007 schlossen sich Hoteliers der Insel und ein kommunales Tourismusunternehmen zusammen und belebten den Flughafen durch Linienflüge aus Städten in Deutschland, Österreich und der Schweiz wieder.

Vom östlichen Teil der Landebahn starten im Sommer Fallschirmspringer, um über dem Meer abzuspringen und am Strand der Kaiserbäder zu landen.

ERLEBNISWELT HANGAR 10 /// AN DER HAFFKÜSTE 1 ///
17419 ZIRCHOW /// 03 83 76 / 2 95 10 /// WWW.HANGAR10.DE ///

WO MÄNNERHERZEN HÖHERSCHLAGEN

Erlebniswelt Hangar 10 in Zirchow

80

Schon bei meinem ersten Besuch im Hangar 10 war ich begeistert. Ich hatte nicht erwartet, dass alte Flugzeuge so eine Faszination auf mich ausüben könnten. Denn was hier im ehemaligen Zentrum des Fliegerhorstes Garz am heutigen Flugplatz Heringsdorf zusammengetragen wurde, ist bemerkenswert. Eine Boeing Stearman 75, eine Messerschmitt Bf 109, eine Jakowlew Jak-9, eine North American P-51 Mustang und, und, und. Allesamt flugfähig und in ihrer Schönheit ohne Zweifel dazu im Stande, selbst Frauenaugen zum Leuchten zu bringen. Denn während die Finger über das glänzende Metall gleiten, versinkt man in Erinnerungen an den *Englischen Patienten* und sieht den Grafen László Almásy und die schöne Katharine Clifton wieder über die Sahara fliegen.

Doch der Hangar 10 lässt nicht nur Frauenherzen höherschlagen und weckt in Männern die Sehnsucht nach grenzenloser Freiheit über den Wolken. Auch Kinder finden hier ein wahres Spieleparadies. In der Kletterwelt hangeln sie Meter über dem Boden. Eine Riesendartscheibe, Tischtennisplatten, Rutschen und Schaukeln ziehen magisch an. Draußen können sie in drei Meter großen Luftbällen über die Wiese rollen, und das absolute Highlight sind die Flug- und Fahrsimulatoren.

Mein persönliches Highlight ist jedoch das Restaurant. Im Ambiente der alten Fliegerwelt wird eine ausgesprochen gute Küche serviert. Man nimmt Platz in Ledersesseln und richtet den Blick auf den Flughafen. Mit etwas Glück starten und landen Sportflieger und Linienmaschinen, und irgendwo am anderen Ende der Landebahn geht langsam die Sonne unter. Und wenn man glaubt, alles in der Erlebniswelt entdeckt zu haben, geht man zur Toilette und weiß spätestens dann, dass sich am Hangar 10 wirklich ausnahmslos alles um die Fliegerei dreht.

Wer einmal in einem historischen Flugzeug über Usedom fliegen möchte, ist hier genau richtig.

HAFEN KAMMINKE /// 17419 KAMMINKE ///

AM ENDE DER WELT LIEGT EIN FISCHERDORF

Hafen Kamminke

81

Wer das erste Mal nach Kamminke fährt, wähnt sich am Ende der Welt. Oder zumindest am Ende Deutschlands, denn die Grenze zu Polen ist nur noch einen Steinwurf entfernt. Der Weg die schmale Dorfstraße entlang fällt leicht. Es geht stetig bergab. Rechts und links stehen Reetdachhäuser. Sie erinnern an die Zeiten, in denen Kamminke ein blühendes Fischerdorf war und auf dem Haff unzählige Boote den Fang einholten. Das ist lange vorbei. Geblieben sind der Charme des Dorfes und die Andenken an eine lange Tradition.

Die Dorfstraße führt hinunter bis an den Hafen. Eine Mole streckt sich von hier hinaus aufs Stettiner Haff. 30 Liegeplätze sollen es sein. Auch ein paar Fischerboote schunkeln im Wasser. Über 80 Jahre ist der Hafen alt. Er hat lange Zeit die Kamminker Familien gut versorgt. Zu DDR-Zeiten gründeten die Fischer eine Genossenschaft und bauten Gebäude zur Verarbeitung des Fangs. Die ehemalige Fischhalle steht heute noch, doch es kann hier niemand mehr von der Fischerei leben. Es ist still geworden im Dorf. Einzig die Idylle zieht die Menschen hierher und der herrliche Blick auf das Haff. Ab und an legt ein Schiff an und lädt zu Rundfahrten oder Ausflügen nach Stettin oder Ückermünde ein. Direkt auf der Mole steht die Fischräucherei Klönsnack. Zwischen April und Oktober wird selbst geräucherter Fisch außer Haus und im eigenen Restaurant verkauft. Wer auf der Terrasse Platz nimmt, kann die Füße fast ins Wasser halten. Näher am Haff sitzt man nirgendwo auf Usedom.

Ganz besonders schön ist der Hafen Kamminke im Winter, wenn das Haff zugefroren ist und das Dorf in einen Winterschlaf gefallen zu sein scheint. Dann passiert es manchmal, dass der Wind das Eis aufbricht und die Schollen meterhoch am Ufer zusammenschiebt.

Im Sommer finden auf der Mole dreimal die Woche Grill- und Räucherbuffetabende mit Livemusik statt.

BALTIC HILLS GOLF USEDOM /// HAUPTSTRASSE 10 ///
17419 KORSWANDT /// WWW.BALTIC-HILLS.DE ///

SÜDSTAATENFLAIR IN POMMERSCHEN WIESEN

Golfplatz Baltic Hills in Korswandt

82

Morgens, wenn Nebelschwaden sich über die grünen Hänge legen und die ersten Sonnenstrahlen sich in weites weißes Licht verwandeln, erinnern die Baltic Hills an eine Märchenwelt. Alles ist still. Manchmal laufen Rehe über die Wiesen. Kaum zu glauben, dass hier in ein paar Stunden Golfer ihre Bälle schlagen werden. Und ebenso kaum zu glauben, dass Usedom so bergiges Land hat und mitunter zur Herausforderung für die Kondition von Gästen und Insulanern wird.

Zwei Golfplätze gibt es auf Usedom: Balmer See und Baltic Hills. Baltic Hills ist der jüngere und genau wie sein schöner Konkurrent im Achterland eine Augenweide. Mitten hindurch geht ein Radweg, der über Garz bis nach Kamminke ans Stettiner Haff führt. Kein Wunder also, dass auch Nicht-Golfer die Baltic Hills lieben und spätestens beim Blick über die Usedomer Schweiz und den Gothensee fasziniert von der Aussicht hier sind. Wenn der Nebel sich langsam lichtet, erscheint die Silhouette eines weißen Gebäudes gleich zu Anfang des Radweges. Irgendwie passt es nicht in die pommersche Landschaft und ist doch ein Hingucker. Das Klubhaus des Golfplatzes erinnert mich an die Häuser in den amerikanischen Südstaaten. Ein eleganter Flachbau mit überdachter Terrasse. Hier gibt es ein gutes Restaurant, das zwischen April und September geöffnet hat und einen tollen Blick auf den Golfplatz bietet. Der Name »Sonnenterrasse« ist hier Programm. Und sollte sich die Sonne einmal nicht sehen lassen, sitzt man unter dem Vordach vor Regen geschützt und kann trotzdem die Atmosphäre hier genießen.

Die Golf-Fans unter Ihnen wird interessieren, dass der Platz ein Loch 0 hat. Das wurde kurzerhand eingeführt, um beim nicht zu unterschätzenden Aufstieg zu Loch 1 eine spielerische Pause einlegen zu können.

Ganz in der Nähe des Golfplatzes eröffnet sich mit dem Thurbruch eines der größten Niedermoorgebiete Nordostdeutschlands.

WOLGASTSEE /// 17419 KOSWANDT ///

EIN SEE FÜR JEDE JAHRESZEIT

Wolgastsee in Korswandt

83

Der Weg durch den Wald von Ahlbeck nach Korswandt hat es in sich. Nicht nur wegen der Steigungen, die der Zirowberg bereithält, sondern auch wegen der Mücken. Die fühlen sich so richtig wohl hier unter dem weiten Blätterdach. Dazu ist Wasser in der Nähe, denn Korswandt liegt am Wolgastsee. Wie viele Seen auf Usedom ist auch er umgeben von einem großen Laubwald. Es dauert eine Stunde, um ihn zu Fuß und normalen Schrittes zu umrunden. Dabei kommt man der polnischen Grenze so nahe, dass Grenzpfähle zu finden sind.

Ich habe viele Erinnerungen an dieses herrliche Fleckchen Erde. Da gab es Ausflüge mit Wassertretern und Ruderbooten, die nur dazu dienten, ein Weilchen dem Lieblingsmenschen ungestört nahe zu sein. An lauen Sommerabenden warteten wir auf der Wiese an der Badestelle auf den Sonnenuntergang, um dann nackt schwimmen zu gehen. Die schönste Erinnerung aber entstand an einem kalten Februartag. Schon auf dem Weg nach Korswandt strahlte der See durch die kahlen Bäume und auf ihm bewegten sich bunte Punkte hin und her. Das Wasser war seit Wochen gefroren und das Eis nun so dick, dass man unbeschwert auf Schlittschuhen auch die entlegensten Winkel des Sees erkunden konnte. Dazu glich die Eisfläche einem Spiegel, auf dem nur hier und da ein kleiner Schneehaufen lag. Ich weiß nicht mehr, wie lange ich an diesem Tag hier Schlittschuh lief. Es müssen Stunden gewesen sein. Aber ich weiß noch genau, dass das Gefühl, auf dem See fast schwerelos dahinzugleiten, überwältigend für mich war. Kannte ich doch sonst nur die überfrorenen Ufer der Ostsee, die durch ihre zerklüfteten Oberflächen das Schlittschuhlaufen unmöglich machten.

Auch heute sehe ich manchmal bunte Punkte an kalten Wintertagen auf dem Wolgastsee gleiten und dann denke ich: Eigentlich wird es mal wieder Zeit!

Im Restaurant *Idyll am Wolgastsee* gibt es nicht nur einen tollen Ausblick, sondern auch eine gute Küche.

EIS-CAFÉ-HELENE /// BERGSTRASSE 2 /// 17419 KORSWANDT ///
03 83 78 / 3 18 76 /// WWW.EIS-CAFE-HELENE.DE ///

EISZEIT IN POMMERN

eis-café-Helene in Korswandt

84

Jedes Mal, wenn ich Oliver sehe, erinnere ich mich an den Biologieunterricht am Gymnasium in Heringsdorf. Er saß in dem kleinen Kursraum neben mir und fragte sich wahrscheinlich genauso oft wie ich, warum es unbedingt der Bio-Leistungskurs hatte sein müssen. Über 25 Jahre ist das jetzt her und er trägt noch immer sein besonderes Lächeln. Pommersch irgendwie. Wer hätte damals gedacht, dass er einmal mit seiner Frau Sylvia ein Eiscafé in Korswandt betreiben würde!

Das eis-café-Helene ist die Adresse für selbst gemachtes Eis im Achterland und dabei ist es auch noch wunderbar am Wolgastsee gelegen. Von der Terrasse aus kann man aufs Wasser sehen, der Gastraum ist modern und sogar mit einem Kamin ausgestattet, und die Eiskarte verrät eine große Leidenschaft für die kalte Süßigkeit. Ich weiß nicht, wie viele Sorten hier im Angebot sind, aber der Blick in die Vitrine sorgt regelmäßig dafür, dass ich meinen Magen größer wähne, als er in Wirklichkeit ist. Neben Eisbechern mit und ohne Likör gibt es viele Kindereisbecher und Spaghetti-Eis in mindestens zwölf verschiedenen Variationen. Der Himmel für Eisliebhaber wie mich. Und übrigens auch für alle, die lieber ein gutes Stück Kuchen oder Torte mögen. Denn auch die werden hier mit viel Liebe und den Früchten der Saison selbst gemacht.

So viel zum Genuss, aber warum heißt das Eiscafé nun Helene? Na, weil wir Pommern gern unseren Vorfahren huldigen und sie so ein Stück unvergessen machen. Helene war die Großtante von Sylvia, die einst gemeinsam mit ihrem Mann hier in der Bergstraße in Korswandt ein Haus baute. Und wo wir schon bei Nostalgie sind: Wer möchte, bekommt im eis-café-Helene sein Eis auch gern in einem echten DDR-Eisbecher. Sie wissen schon, diese Plastikteile in verschiedensten Farben mit weißem Rand oben.

☞ Von den Kaiserbädern aus kann man mit der Kutsche oder dem Kremser einen Ausflug nach Korswandt machen.

TONWERK KERAMIK – DANIEL GRAF /// BERGSTRASSE 11 ///
17419 KORSWANDT /// 03 83 78 / 49 95 98 ///
WWW.TONWERK-KERAMIK.DE ///

DIE FANTASTISCHE WELT DES DANIEL GRAF

Tonwerk Keramik in Korswandt 85

Ich habe Daniel Graf nach einer Usedomer Dichternacht kennengelernt. Der Insel-Poetry-Slam zieht jährlich Literaturfreunde nach Heringsdorf. So auch Daniel. Der sympathische große Mann war mir durch sein ansteckendes Lachen aufgefallen. Dass er Schweizer ist, verrieten die ersten Worte unseres Gesprächs. Damals erfuhr ich auch, dass er in seinem Tonwerk Keramik so manch verrückte Gestalt formte.

Ich besuchte ihn also in Korswandt und betrat nicht etwa einen Hof, sondern eine Freiluftausstellung mit wunderschöner Gartenkeramik, abstrakten Figuren und Skulpturen aus Schrott. Der Mann war also nicht einfach Töpfer, der Mann war Künstler. Ein Chamäleon auf einem umgedrehten Irgendwas zog mich sofort in seinen Bann. Aus dem Augenwinkel sah ich jemanden in der Tür des roten Reetdachhauses stehen, das sich auf der rechten Seite des Hofes befand. Daniel erwartete mich. Er zeigte mir mit der typischen Ruhe eines Schweizers seine Werkstatt, erklärte die Arbeitsschritte und führte mich durch die Welt der Bodenvasen und der unglaublich schönen Skulpturen. Auf kleinen Podesten standen Steinböcke. Für einen Moment glaubte ich, es wären Ziegen. Doch nur Steinböcke können auf wenig Boden noch so sicher und gleichermaßen elegant stehen. Schwarze Köpfe auf Metallständern erinnern an Afrikaner und Südamerikaner, in deren Gesichter sich die Sonne gebrannt hat. Lustige Viecher ließen augenblicklich meine Mundwinkel nach oben schnellen. Ich war begeistert von der Kunst des Daniel Graf.

Man sagt, Kunst entsteht durch das Gefühl dessen, der sie macht, und wird zum Leben erweckt durch das Gefühl dessen, der sie sieht. Die Figuren, die Daniel erschafft, machen etwas mit mir. Und weil ich nicht jede von ihnen besitzen kann, erfreue ich mich immer wieder an den Bildern auf seiner Facebookseite.

Jährlich an Pfingsten öffnet Daniel Graf den Hof mit Gastkünstlern, Brennvorführungen und Pizza aus dem Holzofen für *Kunst offen*, eine landesweite Aktion der Künstler.

GOLM /// 17419 GARZ ///

DASS NIE MEHR EINE MUTTER IHREN SOHN BEWEINT

Der Golm bei Garz 86

Manchmal fragte ich meine Großmutter, wie das damals war in Swinemünde. Im Krieg. Sie antwortete darauf mit Schweigen. Nur einmal strich sie mir über das Haar und meinte, dass es gut wäre, wenn ich es nicht wüsste. Sie wollte mich und sich beschützen vor den dunklen Erinnerungen an einen Tag, der diese Insel zwar spät, aber nicht weniger heftig ins Mark traf.

Swinemünde war eine lebendige und schöne Hafenstadt und zudem Kriegsmarinestützpunkt auf dem Seeweg zur Ostfront. Bis zum 12. März 1945 lag sie unbehelligt in der Pommerschen Bucht. Zu dieser Zeit befanden sich Tausende Flüchtlinge in der Stadt, denn die Rote Armee stand bereits vor Usedoms Schwesterinsel Wollin. Um 12 Uhr mittags heulten die Sirenen und der Himmel über der Stadt verdunkelte sich. Mit 661 schweren Bombern und 412 Begleitjägern bombardierte die US-Luftflotte die Stadt. Innerhalb nur einer Stunde wurde Swinemünde zum größten Teil zerstört. 1.500 Gefallene meldeten Ordnungspolizei und Luftwaffenführungsstab der Deutschen später. Nicht erfasst sind die unzähligen toten Flüchtlinge, die den Behörden schon vorher zu schaffen gemacht hatten oder die als Durchreisende nicht registriert wurden. Sie hatten die großen Freiflächen im Kurpark für ihre Zelte genutzt und waren dem Bombenhagel schutzlos ausgeliefert gewesen. Nicht mal eine Stunde vor dem Angriff hatte die Andros im Hafen festgemacht. An Bord 2.000 Menschen auf dem Weg nach Dänemark, schon Tage ohne Wasser und Verpflegung. Drei Bomben trafen das Schiff und machten es zum Grab für 570 Menschen. Im Bahnhof wurde ein Zug voller Flüchtlinge getroffen.

Heute spricht man von 6.000 bis 10.000 Opfern. Die Mehrzahl von ihnen wurde auf dem Golm nahe Kamminke begraben. Heute erinnert hier ein Mahnmal an den Bombenangriff und seine Opfer.

☞ Nehmen Sie sich Zeit für die Stille hier. Es ist ein trauriger, aber ebenso wunderbarer Ort.

MÜHLENBAKE /// WESTMOLE /// JAROSLAWA DABROWSKIEGO 1B /// 72-600 SWINOUJSCIE /// POLEN ///

EINE WINDMÜHLE AM MEER

Mühlenbake in Swinemünde

87

Man könnte fast glauben, die Swinemünder hätten sich ihre Mühlenbake erst in den letzten Jahren so dekorativ auf die Spitze der Westmole gestellt. Das stimmt aber nicht. Das schicke Teil steht so oder so ähnlich schon seit 1874 dort und ist zu *dem* Fotomotiv für jeden Swinemünde-Besucher geworden. Das Markenzeichen der Stadt ziert auch das Wappen und erinnert mit seinen weißen Flügeln an eine Windmühle, nur eben am Meer.

Wer Lust auf einen ausgedehnten Strandspaziergang hat, kann von den Kaiserbädern aus bis zur Westmole laufen. Die alte Feldsteinmole ist einen knappen Kilometer lang und trennt den breiten weißen Sandstrand von der Hafeneinfahrt. In der Bucht, die hier entstanden ist, kann man Kite- und Windsurfer bei ihren waghalsigen Sprüngen beobachten. Auf der Mole selbst stehen neben unzähligen Besuchern auch viele Angler. Sowohl die Hafeneinfahrt als auch die Bucht sind reich an Fischen. Dass die Mühlenbake nicht nur Besuchermagnet, sondern auch wichtiges Seezeichen ist, bemerkt man spätestens, wenn die Sonne untergegangen ist. Noch heute dient ihr Leuchtfeuer zur Navigation der Schiffe. Viele kleine und auch so manch großer Pott passieren im Laufe des Tages und der Nacht die Hafeneinfahrt, um in Swinemünde zu laden, die Ladung zu löschen oder um von hier aus durch die Swine, das Stettiner Haff und die Oder weiter ins Landesinnere zu gelangen. Mitunter herrscht beeindruckendes Schweigen auf der Westmole, wenn einem die Ausmaße eines Frachters hier so richtig deutlich werden.

Wen man auf der Westmole mit Blick auf die Mühlenbake auch immer trifft, sind Fotografen. Ich kenne keinen anderen Ort in Swinemünde, von dem so viele bemerkenswerte, schöne Bilder existieren. Fragen Sie Google!

Dort, wo die Westmole beginnt, steht die Festung Westbatterie, die einst den Seeweg aus Oder und Swine in die Ostsee schützte.

FORT GERHARD /// KU MORZU 5 /// 72-600 SWINOUJSCIE /// POLEN /// +48 / 532 373 248 /// WWW.FORT-GERHARDA.PL ///

IM GLEICHSCHRITT DURCH DREI JAHRHUNDERTE

Fort Gerhard in Swinemünde

88

»In Zweierreihe Marsch!«, tönt es im Kasernenton über unsere Köpfe hinweg. Ich bin vor wenigen Minuten zum Rekruten ernannt worden und laufe nun im versuchten Gleichschritt und unter den scharfen Anweisungen meines Kommandanten ins Innere des Fort Gerhard.

Die ehemals preußische Festung liegt wie die Festung Westbatterie an der Hafeneinfahrt von Swinemünde, allerdings auf der Ostseite und damit auf Usedoms Schwesterinsel Wollin. Mit dem Schiff von Heringsdorf aus erreicht man die Anlegestelle vor der Festung je nach Wind und Seegang in 30 bis 45 Minuten und wird dort auf Wunsch militärisch in Empfang genommen. Danach erwarten einen Schützengräben, Munitionslager, Latrinen und ein Museum. Man erfährt, dass hier während des Dreißigjährigen Krieges die Swineschanze zum Schutz des Seeweges aus Oder und Swine in die Ostsee entstanden war und dass die preußische Armee diese in der zweiten Hälfte des 19. Jahrhunderts zur Festung Fort Gerhard ausgebaut hat. Nachdem sie den Zweiten Weltkrieg unbeschadet überstanden hatte, wirtschaftete die Sowjetarmee sie bis 1990 weitestgehend runter. Danach gab es keine militärische Nutzung mehr. Heute steht sie für Besucher offen und hat sich zum Touristenanziehungspunkt gemausert. Museum und Außenanlagen werden nach und nach rekonstruiert. Die derzeit nur polnische Beschilderung soll es zukünftig auch auf Deutsch geben. Beeindruckend ist, dass das Fort Gerhard heute die größte private Einrichtung dieser Art in ganz Polen ist.

Der Name »Gerhard« geht übrigens auf Gerhard Cornelius de Walrawe zurück, einen ausgezeichneten Konstrukteur preußischer Festungen aus dem 17. Jahrhundert. Aus seiner Hand stammen auch die ersten Pläne für den Hafen von Swinemünde.

Besuchen Sie im Anschluss den Leuchtturm. Nach etwa 300 Stufen hat man einen sagenhaften Ausblick auf die Swinemünder Bucht und die Inseln Usedom und Wollin.

LIEBLINGSPLÄTZE

Alle Bücher auf einen Blick …

… und in Ihrer Region

▶ NORDDEUTSCHLAND

Bartel,
Schwerin, die Mür...
978-3-8392-2285-0

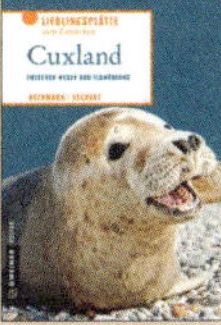

Beckmann / Ueck...,
Cuxland
978-3-8392-2195-2

Beyer,
Emsland und die ...
978-3-8392-2101-3

Bührig,
In und um Lübeck
978-3-8392-1154-0

Clausen,
Hamburg
978-3-8392-1170-0

Diers,
Ostfriesland ...
978-3-8392-1901-0

Diers,
Weserbergland
978-3-8392-2090-0

von Fircks,
Ostseeküste Meckl...
978-3-8392-2245-4

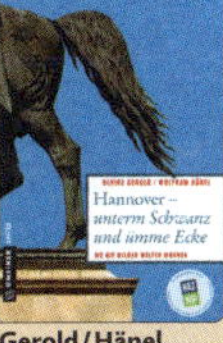

Gerold / Hänel,
Hannover ...
978-3-8392-1705-4

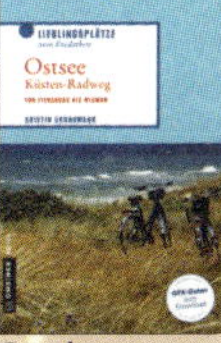

Grundmann,
Ostsee Küsten...
978-3-8392-2380-2

Lark,
Kiel: Stadt, Land, ...
978-3-8392-1784-9

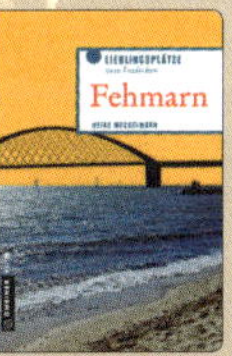

Meckelmann,
Fehmarn
978-3-8392-2002-3

Meierewert,
Rügen, Hiddensee ...
978-3-8392-2359-8

Pautz,
Usedom
978-3-8392-2409-0

Pajonk,
Rund um Berlin
978-3-8392-1984-3

Pelte,
Zwischen Nord- ...
978-3-8392-1160-1

Pelte / Reidt / ...,
Das Beste aus ...
978-3-8392-2196-9

Rai,
Berlin rund um ...
978-3-8392-1708-5

Rai,
Berlin 24/7
978-3-8392-1788-7

Ranf,
Lüneburg und ...
978-3-8392-1987-4

Reidt,
Nordfriesische ...
978-3-8392-2088-7

Reidt,
Sylt
978-3-8392-2003-0

Rusch / Stein,
Bremen und umzu
978-3-8392-1253-0

Thömmes,
So braut Deutsch...
978-3-8392-1873-0

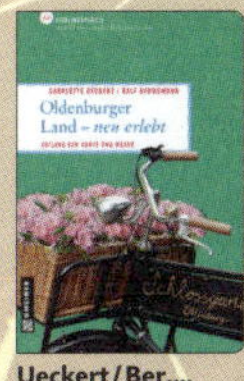

Ueckert / Ber...,
Oldenburger Land ...
978-3-8392-1557-9

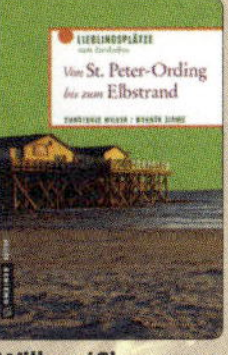

Wilken / Siems,
Von St. Peter-Or...
978-3-8392-2187-7

KULTUR

GMEINER

WWW.GMEINER-VERLAG.DE
Mensch, Kultur, Region

KRIMIS
aus der Region

Jan Beinßen,
Feuerfrauen
978-3-8392-1043-7

Wolfgang Brenner,
Alleingang
978-3-8392-1227-1

Claudius Crönert,
Siegeszeichen
978-3-8392-1769-6

G. Heidenreich/
T. Trczinka,
Sonderauftrag
978-3-8392-1427-5

Regine Kölpin,
Mörderisches Usedom
978-3-8392-2062-7

Maren Schwarz,
Insellüge
978-3-8392-2221-8